国家社会科学基金青年项目"我国基本公共服务质量监测体系构建研究"（18CZZ034）

中国基本公共服务
质量监测体系
构建研究

陈朝兵◎著

西南财经大学出版社

中国·成都

图书在版编目(CIP)数据

中国基本公共服务质量监测体系构建研究/
陈朝兵著.--成都:西南财经大学出版社,2025.1.
ISBN 978-7-5504-6498-8

Ⅰ.D669.3

中国国家版本馆 CIP 数据核字第 20246AJ967 号

中国基本公共服务质量监测体系构建研究

ZHONGGUO JIBEN GONGGONG FUWU ZHILIANG JIANCE TIXI GOUJIAN YANJIU

陈朝兵　著

策划编辑:金欣蕾
责任编辑:金欣蕾
责任校对:冯　雪
封面设计:墨创文化
责任印制:朱曼丽

出版发行	西南财经大学出版社(四川省成都市光华村街 55 号)
网　　址	http://cbs.swufe.edu.cn
电子邮件	bookcj@ swufe.edu.cn
邮政编码	610074
电　　话	028-87353785
照　　排	四川胜翔数码印务设计有限公司
印　　刷	四川五洲彩印有限责任公司
成品尺寸	170 mm×240 mm
印　　张	15
字　　数	222 千字
版　　次	2025 年 1 月第 1 版
印　　次	2025 年 1 月第 1 次印刷
书　　号	ISBN 978-7-5504-6498-8
定　　价	78.00 元

前　言

　　随着我国基本公共服务进入追求均等优质的目标阶段，全面实施和加强基本公共服务质量监测，不仅是确保基本公共服务质量的重要举措，也是当前和未来一段时期内国家保障和改善民生的政策需要。然而，目前我国基本公共服务质量监测总体处于起步阶段，并且在诸多方面面临现实难题，迫切需要理论研究的观照和回应。学术界虽然十分关注公共服务质量研究议题，也产出了众多富有价值的专题研究成果，但整体上仍较为缺乏质量监测视角下的狭义层面公共服务（基本公共服务）的质量监测研究；同时，在推进本土化的基本公共服务质量理论研究方面，进展也相对缓慢。因此，专门聚焦基本公共服务质量监测的基础理论问题，探讨构建基本公共服务质量监测体系，不仅能够拓展基本公共服务质量议题的研究范畴，从广度和深度上推进基本公共服务质量监测的研究进程，而且能够为政府实务部门制定基本公共服务质量监测政策和开展基本公共服务质量监测工作提供理论支持与指导。

　　本书遵循"提出问题—基础理论—体系框架—次级体系—实证研究—得出结论"的研究思路，在跨学科的研究视角下，采用文献研究、逻辑演绎、案例研究等多种研究方法，围绕基本公共服务质量监测体系构建的四个方面展开研究。一是基本公共服务质量监测的基础理论。在界定公共服务、基本公共服务、质量、基本公共服务质量、监测、质量监测、基本公共服务质量监测等基本概念的基础上，本书对基本公共服务质量监测的相近概念进行辨析，并进一步对基本公共服务质量监测的特质属性、目标、内容、功能与作用、基本原则与影响因素等基础理论问题展开分析。二是基本公共服务质量监测体系的框架构建。在解析基本公共服务质量监测体系的构成要素和分析基本公共服务质量监测体系构建机理的基础上，本书以"过程"分析框架为主导性理论依据，构建出"过程型"基本公共服务质量监测体系理论框架，并对该理论框架的特色与应用价值进行分析。三是"过程型"基本公共服务质量监测体系的子体系分析。本书依次对"过程型"基本公共服务质量监测体系的三大子体系，即基本公共服务质量监测的要求与标准体系、实施与保障体系、结果应用与反馈体系展开分析。四是基本公共服务质量监测体系的实证研究。本书选取了具有代表性和典型性的成都市村级基本公共服务质量监测体系作为实践个案，对"过程型"基本公共服务质量监测体系理论框架进行叙事性解释和说明。

本书得出的研究结论主要包括：

第一，基本公共服务质量监测是指政府或第三方机构运用一定的监测方法和技术手段，对特定区域范围内的基本公共服务固有特性满足相关规定要求和社会公众要求的程度持续不断地进行信息数据搜集、整理、分析和测评，以动态监控提高基本公共服务质量水平的过程。基本公共服务质量监测的概念与基本公共服务质量的监控、测评与管理等相近概念既有联系也有区别。基本公共服务质量监测的特质属性包括监测主体的多元性、监测功能的问题查改性、监测内容的复合性、监测方式的多样性、监测过程的持续长期性、监测结果的预测性。基本公共服务质量监测的目标包括获取质量信息数据、发现和解决质量问题、提升质量水平。基本公共服务质量监测的内容分为空间范围、种类范围、"主观-客观"质量和"过程-结果"质量四个维度。基本公共服务质量监测的功能与作用包括基本公共服务质量、政府部门和社会公众三个角度。基本公共服务质量监测需要遵循的基本原则包括以人为本、科学合理、系统谋划、民主参与、应用改进和持续定期。基本公共服务质量监测的影响因素分为自身监测体系层面、内部监测环境层面和外部监测环境层面三大类别。

第二，基本公共服务质量监测体系是指政府或第三方机构为提高基本公共服务质量水平，对特定区域范围内的基本公共服务开展质量监测所涉及的一系列相关过程、活动、资源和制度的总和。基本公共服务质量监测体系的构成要素包括基本公共服务质量监测的主体、目标、内容、手段、环节、环境、绩效等。构建基本公共服务质量监测体系，就是按照一定的逻辑，将基本公共服务质量监测体系的构成要素进行有序串联和结构化排列，从而形成特定基本公共服务质量监测体系理论框架的过程。以基本公共服务与质量监测相关理论为基础性理论依据，以"过程"分析框架为主导性理论依据，以系统论与协同论为考量性理论依据，本书构建出"过程型"基本公共服务质量监测体系理论框架，具体包括三大子体系：基本公共服务质量监测的要求与标准体系、实施与保障体系、结果应用与反馈体系。"过程型"基本公共服务质量监测体系框架具有结构逻辑性、阶段环节性、动态运行性、变化发展性和对外开放性的特征，同时对政府部门或第三方机构开展基本公共服务质量监测工作具有应用价值。

第三，基本公共服务质量监测的要求与标准体系对应"过程型"基本公共服务质量监测体系框架的"输入"部分。基本公共服务质量监测要求体系由价值取向、公共政策、基本原则和实践运行四类要求构成。其中，价值取向要求包括人本价值、科学价值、民主价值、法治价值、责任价值、透明价值等方面，公共政策要求包括与公共服务相关的公共政策、与质量监测相关的公共政策、与公共服务质量监测相关的公共政策等提出的要求，基本原则要求包括以人为本、科学合理、系统谋划、民主参与、应用改进和持续定期，实践运行要求涉及基本公共服务质量监测的主体、目标、模式、技术手段、环节、过程、结果、环境等要素性要求。基本公共服务质量监测的指标与标准体系的设计依据包括理论依据、政策依据和经验依据。框架确立的关键在于确立基本公共服务质量监测的指标、权重和评分标准。专业监测模式和公众监测模式下基本公共服务质量监测的指标与标准体系内容可以按基本公共服务领域设置相同的一级指标，但二级指标会存在差异。基本公共服务质量监测的指标与标准体系的应用，应根据实际需要对具体监测指标与标准进行调整细化。

第四，基本公共服务质量监测的实施与保障体系对应"过程型"基本公共服务质量监测体系框架的"转化"部分。按照监测方式的不同，基本公共服务质量监测分为专业监测模式、公众监测模式和综合监测模式，三者在监测目标、监测主体、监测内容、监测参照、监测原理、监测方法与技术等方面存在差异。基本公共服务质量监测的实施程序包括设计基本公共服务质量监测方案、搜集和分析基本公共服务质量监测数据、撰写和发布基本公共服务质量监测报告，以及总结基本公共服务质量监测工作。基本公共服务质量监测是一项程序繁多、资源投入大、耗时长的系统工程，需要建立健全政策法规、组织机构和人财物资源等多方面的配套保障体系。

第五，基本公共服务质量监测的结果应用与反馈体系对应"过程型"基本公共服务质量监测体系的"输出"部分。基本公共服务质量监测结果应用就是根据基本公共服务质量监测的结果，对基本公共服务的提供组织进行奖励或问责。基本公共服务质量奖励机制的构建涉及动力机制、运行机制和保障机制，基本公共服务质量问责机制的构建涉及责任确立机制、责任追究机制和责任履行机制。基于质量监测结果的基本公共服务质量问题分析，将问题识别及成因诊断作为二维目标。其中，基本公共服务质量问题识别的基本思路是区别总体问题与分支问题，而基本公共服务质量问题成因诊断的有效方法是质量问题追溯。针对质量监测反馈的质量问题，基本公共服务提供主体可以将服务质量差距模型作为提升基本公共服务质量水平的重要工具，同时将分类整改与持续追踪确立为提升基本公共服务质量水平的两种重要机制。

本书可能的学术创新与价值在于从质量监测的视角拓展了基本公共服务质量的研究领域，所构建的"过程型"基本公共服务质量监测体系具有一定的理论探索性，以及预期研究结论对于基本公共服务质量监测实践具有应用指导性。本书的不足之处是研究面向较宽和研究内容较多，一定程度上制约了研究的深度。未来的研究可以围绕质量监测理论体系的学科史梳理及在基本公共服务质量监测中的应用、多重逻辑视角下的基本公共服务质量监测体系构建及其比较、基本公共服务质量监测体系的构成子体系、基本公共服务质量监测体系的实证案例拓展与比较等展开，以拓展和深化该研究议题。

陈朝兵

2024 年 6 月

目　录

1 导论

1.1 研究的缘起与价值

1.1.1 研究的缘起

全面实施和加强基本公共服务质量监测是确保基本公共服务质量水平的重要举措。党的二十大报告提出"人民生活更加幸福美好""全体人民共同富裕取得更为明显的实质性进展",着力点是不断改善和提高基本公共服务质量。从《国家基本公共服务体系"十二五"规划》到《"十三五"推进基本公共服务均等化规划》再到《"十四五"公共服务规划》,随着政策演进,我国基本公共服务发展经历了从"有没有""够不够""全面不全面"向"公平不公平""好不好"的转变,即从"量"向"质"的转变,高质量发展成为当前我国基本公共服务的最新主题。近年来,为了保证基本公共服务质量,贯彻落实国家保障和改善民生政策,满足人民日益增长的美好生活需要,中央和地方各级政府逐渐将关注焦点集中到基本公共服务质量监测上①。2017年9月,《中共中央 国务院关于开展质量提升行动的指导意见》发布,强调"开展公

---

① 张启春,梅莹. 基本公共服务质量监测:理论逻辑、体系构建与实现机制 [J]. 江海学刊,2020 (4):242-247.

共服务质量监测和结果通报，引导提升公共服务质量水平"。2018 年 1
月，《国务院关于加强质量认证体系建设促进全面质量管理的意见》发
布，提出"完善公共服务体系，加强全面质量监管"，为实施和加强基
本公共服务质量监测带来了契机。2021 年 12 月发布的《"十四五"公
共服务规划》进一步指出"健全统计调查体系，定期分领域开展公共
服务发展情况监测评估"，加快了基本公共服务质量监测政策议程的实
施步伐。

　　然而，基本公共服务质量监测在实践层面尚处于起步发展阶段，并
存在较多问题和薄弱环节。与 20 世纪 90 年代即已开展公共服务质量[①]
监测工作的欧美等西方发达国家相比，我国的公共服务质量监测实践起
步较晚。2015 年 7 月，原国家质检总局组织上海质量管理科学研究院、
中国行政管理学会等多家单位对华东地区公共服务质量开展了联合专项
监测，发布了《华东地区城市公共服务质量 2014 年监测报告》，这是
我国首个关于公共服务质量的监测报告[②]。截至 2021 年年底，公共服务
质量监测已覆盖全国 31 个省（自治区、直辖市）（不含港、澳、台地
区）共 120 个城市，涵盖公共教育、公共就业、医疗服务等 12 个领
域[③]。除全国层面的监测外，部分省（直辖市），如北京、广东、浙江
等，也积极响应开展公共服务质量监测工作[④]。与此同时，我国公共服
务质量监测实践也存在一些薄弱环节，例如，监测的主体范围还需进一
步扩大，监测数据的开放共享程度不足，监测结果的应用匮乏，主观评
价和客观评价的结合不够，监测的精准性和科学性有待提高，监测的动

---

　　① 需要说明的是，本书根据行文语境的需要，有时使用"公共服务质量"的概念，有时使
用"基本公共服务质量"的概念，并未对二者进行严格区分。这是因为，公共服务的概念有广义
和狭义之分，其中狭义的公共服务通常被认为等同于基本公共服务。
　　② 曾珂. 我国首个关于公共服务质量的监测报告发布 [EB/OL]. (2015-07-17) [2024-05-
03]. http://www.rmzxb.com.cn/c/2015-07-17/535157. shtml.
　　③ 王路平. 2021 年全国公共服务质量监测结果发布 [EB/OL]. (2022-06-15) [2024-05-03].
http://news.sohu.com/a/557305591_265170.
　　④ 李高帅. 我国公共服务质量监测提升路径 [EB/OL]. (2021-12-12) [2024-05-03]. http://
www.rmlt.com.cn/2021/1217/635068. shtml.

态性和连续性不够等。鉴于此，本书从理论层面开展基本公共服务质量监测体系研究，以期对推动我国基本公共服务质量监测实践进程、指导实务部门开展基本公共服务监测工作提供有益参考。

1.1.2　研究的学术价值与应用价值

随着基本公共服务质量监测逐渐上升为国家意志，以及各级政府积极开展基本公共服务质量监测工作，理论界被赋予了从事基本公共服务质量监测知识生产的新使命。然而，从研究现状[①]来看，直接针对基本公共服务质量监测进行研究的成果稀缺，更多是关于基本公共服务质量的标准、管理、控制、评价等的研究，无法有效满足基本公共服务质量监测实践对理论的需要。本书围绕基本公共服务质量监测议题进行集中研究，解析基本公共服务质量监测的基础理论，构建基本公共服务质量监测的理论体系，将具有多个方面的学术价值与应用价值。

1.1.2.1　学术价值一：聚焦质量监测视角，拓宽基本公共服务质量议题的研究范畴和研究视野

20 世纪 70 年代以来，改进和提升基本公共服务质量一直是西方公共行政学科兴起的重要议题，近年来，在新时代高质量发展背景下，日益受到国内学界的关注和重视。目前，学者们围绕基本公共服务质量议题大致形成了四个方面的研究专题：一是基本公共服务质量的基础理论，包括基本公共服务质量的概念、内涵与构成维度；二是基本公共服务质量的影响因素；三是基本公共服务质量的管理与控制；四是基本公共服务质量的评价与改进。从质量监测的角度看，虽然已有研究成果中的基本公共服务质量管理，尤其是质量评价，与基本公共服务质量监测具有较强的相关性，但二者也存在多个方面的不同[②]。然而，直接针对

---

① 具体参见后文"1.2 研究文献述评"部分。
② 具体参见后文"2.2 基本公共服务质量监测的相近概念辨析"部分。

基本公共服务质量监测进行研究的成果却少之又少①。

本书从质量监测的视角切入，探讨基本公共服务质量监测的一系列基础理论和理论体系问题，将对质量管理、质量控制、质量评价（评估或测评）、质量改进等已有研究形成新的补充，大大拓展基本公共服务质量议题的研究范畴和研究视野，为后来学者开展该领域研究起到抛砖引玉的作用。

1.1.2.2　学术价值二：构建监测体系理论框架，从广度和深度上推进基本公共服务质量监测研究进程

面对基本公共服务质量监测这一新的研究议题，本书以构建基本公共服务质量监测体系理论框架为中心目标和任务，具体的研究逻辑为：首先，解析基本公共服务质量监测的基础理论，回答基本公共服务质量监测"是什么"的问题；其次，构建基本公共服务质量监测的体系框架，回答基本公共服务质量监测体系"如何构建"和"构建结果如何"的问题；最后，逐一分析基本公共服务质量监测体系的次级体系，回答基本公共服务质量监测体系"具体由何构成"的问题。

本书对上述基本公共服务质量监测的基础理论和体系构建相关问题的研究，涉及了基本公共服务质量监测的诸多逻辑命题和重要内容，不仅能够拓宽基本公共服务质量监测研究的广度，而且能够促进基本公共服务质量监测研究纵深发展，为理论界开展该议题研究奠定坚实基础。

1.1.2.3　应用价值一：探索质量监测理论问题，为各级政府制定基本公共服务质量监测相关政策提供支持

公共政策的制定往往以政策问题的理论研究为基础和前提②。本书围绕基本公共服务质量监测议题开展了一系列研究，直接涉及政府部门制定基本公共服务质量监测相关政策需要回答的关键问题，如基本公共

---

① 截至 2023 年 8 月 4 日，中国知网（CNKI）数据库的检索结果显示，题名同时包含"公共服务"和"质量监测"字段的文献数量不足 10 篇。

② 王礼鑫. 公共政策的知识基础与决策权配置 [J]. 中国行政管理，2018（4）：98-104.

服务质量监测的概念内涵与构成要素、基本公共服务质量监测的价值目标与基本原则、基本公共服务质量监测体系的总体框架与构成内容、基本公共服务质量监测的要求与标准体系、基本公共服务质量监测的影响因素与关键环节、基本公共服务质量监测的技术方法与工具选择等。

本书针对这些政策性问题所进行的研究，将为公共政策制定者开展基本公共服务质量监测相关政策制定活动提供多重维度的支持：一是增进对基本公共服务质量监测的理论认知，二是界定基本公共服务质量监测的政策问题与政策目标，三是提出具体的基本公共服务质量监测的政策方案，四是评估基本公共服务质量监测政策的实施效果，五是考虑基本公共服务质量监测的协同性和配套性政策。

1.1.2.4 应用价值二：解析质量监测关键环节，为实务部门开展基本公共服务质量监测工作提供操作指南

西方公共服务质量监测实践早于我国，可追溯至 20 世纪八九十年代。进入 21 世纪，我国公共服务质量监测逐步进入公众视野并被提上政策议程①。当前，中央和地方各级政府部门、第三方机构等开展的基本公共服务质量监测工作整体仍处于起步探索阶段，在取得一定实践经验和一定成绩的同时，也面临着一些亟待解决的难题，需要从理论界的研究成果中获取指导。

本书所开展的基本公共服务质量监测体系构建研究，在从理论层面构建"过程型"基本公共服务质量监测体系的基础上，着重从政策和实践层面解析基本公共服务质量监测的关键环节，包括基本公共服务质量监测的要求与标准制定、基本公共服务质量监测的实施与保障、基本公共服务质量监测的结果应用与反馈等，系统回答基本公共服务质量监测"要求和标准是什么""如何实施监测""监测的结果如何运用"等实操性问题，从而为实务部门开展基本公共服务质量监测工作提供富有

---

① 陈振明，耿旭. 中国公共服务质量改进的理论与实践进展 [J]. 厦门大学学报（哲学社会科学版），2016（1）：58-68.

针对性、可行性的指导。

1.2 研究文献述评

为了有效地反映国内外基本公共服务质量监测研究的概貌、发展动态与前沿进展，笔者在进行文献检索和选取参考文献时有以下考虑：第一，采用"公共服务"而非"基本公共服务"作为检索词，并把属于广义公共服务范畴的政府服务、行政服务等相关研究成果纳入检索范围；第二，以"公共服务质量"研究成果为主，同时也兼顾"公共服务标准（化）""公共服务绩效""公共服务满意度"等相关研究成果；第三，把与"公共服务质量监测"相近的"公共服务质量管理""公共服务质量控制""公共服务质量测评（评价、评估）""公共服务质量改进（提升）"等研究成果纳入进来。

按照以上文献检索和查找思路，笔者于 2018 年 12 月—2022 年 12 月反复通过科学网（Web of Science）数据库和 CNKI 数据库，对国外和国内基本公共服务质量监测相关研究文献进行搜集，旨在最大限度地确保文献搜集的全面性、代表性和前沿性。

1.2.1 国外研究综述

公共服务质量是西方公共行政学科的经典研究议题之一，最早可追溯至 20 世纪 70 年代。为了回应传统官僚制面临的严重财政危机、信任危机和管理危机，并在公民外部压力的驱使下，以英、美为代表的西方发达国家纷纷开展以提升公共服务的质量和绩效的"新公共管理"行政改革运动①。在此背景下，西方学界围绕公共服务质量的控制、管理、测评等问题开展了相关研究。

1.2.1.1　公共服务质量的控制与管理

针对政府部门改善公共服务质量的实践需要，较多学者关注并重视公共服务质量的管理与控制研究。其中，一类研究是关于公共服务质量控制的工具与模型的研究。如 Osborne 和 Gaebler 归纳了公共服务质量控制的 12 种工具，包括绩效预算、全面质量管理、竞争性制度、凭单和补偿计划、组织流程再造、竞标、企业基金、内部的企业化管理、公司化运作、绩效框架、特许制度，以及社区治理结构②。Boyne 概括了公共服务质量监控的 5 种模型，即目标模型、系统-资源模型、内部过程模型、竞争价值模型和多元持续模型③。Ostrom 和 Charles 强调竞争机制是一种有效管理和控制公共服务质量的工具，市场竞争与民营化有利于提供高质量公共服务④。Ancarani 和 Capaldo 认为管理标准化是实施公共服务质量控制的不可或缺的一项技术手段⑤。

另一类研究是关于公共服务质量控制与管理的影响因素的研究。如 Jonathan 从价值理念的角度出发，指出公共服务质量控制的过程应当遵循以公民为核心的公共价值理念⑥。Chen 等基于顾客导向的立场，强调政府公共服务质量控制的关键在于构建"顾客导向服务增强系统"⑦。

---

① HOLZER M, CHARBONNEAU E, KIM Y. Mapping the terrain of public service quality improvement: twenty-five years of trends and practices in the United States [J]. International review of administrative sciences, 2009 (3): 403-418.

② 丁煌. 西方行政学说史 [M]. 武汉: 武汉大学出版社, 2004: 375-386.

③ BOYNE G A. Sources of public service improvement: a critical review and research agenda [J]. Journal of public administration research & theory, 2003 (3): 94-134.

④ OSTROM V, CHARLES M. The organization of government in metropolitan areas: a theoretical inquiry [J]. American political science review, 1961 (4): 831-842.

⑤ ANCARANI A, CAPALDO G. Management of standaidised public services: a comprehensive approach to quality assessment [J]. Managing service quality, 2001 (5): 331-341.

⑥ JONATHAN L R. Quality of public services [J]. Research journal of accounting and business management, 2017 (1): 14-28.

⑦ CHEN C K, YU C H, YANG S J, et al. A customer-oriented service-enhancement system for the public sector [J]. Managing service quality: an international journal, 2004 (5): 414-425.

萨瓦斯从公共服务主体间关系切入，指出公私伙伴关系对于控制和改进公共服务质量具有重要影响[①]。在 Deininger 和 Mpuga 看来，政府内在治理结构是影响公共服务质量管理水平的显著变量，责任型政府可以促进公共服务质量水平的提高[②]。Hsieh 等认为服务过程标准化是公共服务质量管理的构成内容，对公共服务质量的改进具有积极影响[③]。与之相似，Agha 和 Do 的研究表明，公共服务提供的过程质量（或交互质量）是公共服务质量的重要组成部分，构成了公共服务质量管理的基本对象[④]。

1.2.1.2　公共服务质量的测评

相较于公共服务质量的管理与控制，公共服务质量的测评问题吸引了更多学者的讨论。然而，公共服务质量究竟如何测评，客观上是一个充满难度的挑战。Walsh 早在 1991 年便指出："服务是根本地不同于生产的产品，公共服务更是如此。其中的各种差异导致评判公共服务质量成为一个潜在的困难和富有争议的课题。"[⑤] 尽管如此，许多学者仍旧做出了公共服务质量测评研究的努力和尝试。

一部分学者从理论层面探讨了公共服务质量测评的关键要点。Rowley 指出，凡涉及公共质量测评，都要处理好所有的公共服务利益相关者之间的关系；其中，重点关注具有服务经验的员工和最后顾客，同时以更广泛的质量视角将其他利益相关者纳入考虑[⑥]。与 Rowley 的观

---

①　萨瓦斯. 民营化与公私部门的伙伴关系 [M]. 周志忍，等译. 北京：中国人民大学出版社，2002.

②　DEININGER K, MPUGA P. Does greater accountability improve the quality of public service delivery? Evidence from Uganda [J]. World development, 2004 (1)：171-191.

③　HSIEH A T, CHOU C H, CHEN C M. Job standardization and service quality：a closer look at the application of total quality management to the public sector [J]. Total quality management, 2002 (7)：899-912.

④　AGHA S, DO M. The quality of family planning services and client satisfaction in the public and private sectors in Kenya [J]. International journal for quality in health care, 2009 (2)：87-96.

⑤　WALSH K. Quality and public services [J]. Public administration, 1991 (4)：503-514.

⑥　ROWLEY J. Quality measurement in the public sector：some perspectives from the service quality literature [J]. Total quality management, 1998 (9)：321-333.

点相近，Walsh 认为，公共服务质量测评既要把服务提供者作为关键主体，也要保障作为服务消费者的公民的评价权利，即把服务提供者和服务消费者同时纳入评价主体。此外，一些特殊领域的公共服务质量测评，除了要解决好困难、复杂的问题，还要处理好价值差异、价值选择与价值冲突的问题[1]。在 Bigné 等人看来，公共服务质量测评的内容不仅包括服务产品本身的客观质量，还包括公共服务的感知质量、满意度等主观质量[2]。

另一部分学者集中讨论了公共服务质量测评的工具与路径选择。首先，公共服务质量测评的主流路径是将美国营销学家 Parasuraman、Zeithaml 和 Berry 在 1985 年开发的针对市场服务质量的 SERVQUAL[3] 模型工具[4]运用于公共服务领域。比如，Galloway[5]，Brysland 和 Curry[6]，Donnelly 等[7]，Bakar 等[8]，Wisniewski[9] 等都是主张运用 SERVQUAL 模型来测评公共服务质量的代表性学者。不过，有学者针对移植 SERVQUAL 模型到公共部门以测评公共服务质量的路径进行了反思性批判。比如，Rhee 和 Rha 指出，绝大多数应用 SERVQUAL 模型测量公共

① WALSH K. Quality and public services [J]. Public administration, 1991 (4): 503-514.

② BIGNÉ E, MOLINER M A, SÁNCHEZ J. Perceived quality and satisfaction in multiservice organisations: the case of Spanish public services [J]. Journal of services marketing, 2003 (4): 420-442.

③ SERVQUAL 为英文 "service quality"（服务质量）的缩写。

④ PARASURAMAN A, ZEITHAML V A, BERRY L L. A conceptual model of service quality and its implications for future research [J]. Journal of marketing, 1985 (4): 41-50.

⑤ GALLOWAY L. Quality perceptions of internal and external customers: a case study in educational administration [J]. The TQM magazine, 1998 (1): 20-26.

⑥ BRYSLAND A, CURRY A. Service improvements in public services using SERVQUAL [J]. Managing service quality, 2001 (11): 389-401.

⑦ DONNELLY M, WISNIEWSKI M, DALRYMPLE J F. Measuring service quality in local government: the SERVQUAL approach [J]. International journal of public sector management, 1995 (7): 15-20.

⑧ BAKAR C, AKGUEN S H, AL ASSAF A F. The role of expectations in patient assessments of hospital care: an example from a university hospital network, Turkey [J]. International journal of health care quality assurance, 2008 (4): 343-355.

⑨ WISNIEWSKI M. Using SERVQUAL to assess customer satisfaction with public sector services [J]. Journal of service theory & practice, 2001 (6): 380-388.

服务质量的研究欠缺探索和考量公共服务的诸如公平、民主、参与等"公共性"质量特性，而仅有少数研究对此进行了处理①。其次，公众满意度评价是测评公共服务主观感知质量的另一重要路径。Brown 认为，由于公众具有准确感知公共服务供给质量的能力，因而公众满意度可以作为公共服务质量测评的典型方式②。根据 Popescu 等的观点，顾客满意度指数（CSI）模型、市民调查（citizen survey）等是用于公共服务公众满意度评价的具体模型与方式③。最后，平衡计分卡（BSC）也在公共服务质量测评中得到尝试和应用。Hoque 发现，平衡计分卡虽然是一种企业管理绩效评价工具，但近年来也有逐渐被应用于公共部门服务质量评价的趋势④。Mendes 等以葡萄牙的废物处理为例，运用平衡计分卡设计了公共服务质量综合评价模型⑤。

1.2.2　国内研究综述

21 世纪以来，国内学者开始陆续关注公共服务的"质量"议题。一项具有辨识性意义的研究成果是，北京大学教授周志忍在《国家行政学院学报》2000 年第 2 期发表了《公共部门质量管理：新世纪的新趋势》一文。此后，越来越多的学者投入到公共服务质量问题的研究中。目前，相关研究主要集中在以下三个方面：

1.2.2.1　公共服务质量管理

公共服务质量管理是政府质量管理的核心组成部分。从研究历程来

① RHEE S, RHA J. Public service quality and customer satisfaction: exploring the attributes of service quality in the public sector [J]. Service industries journal, 2009 (11): 491-1512.

② BROWN T. Coercion versus choice: citizen evaluations of public service quality across methods of consumption [J]. Public administration review, 2007 (3): 559-572.

③ POPESCU C, CUCU T, ION L, et al. Methodology to evaluate the quality of public services [J]. Amfiteatru economic, 2009 (26): 260-269.

④ HOQUE Z. 20 years of studies on the balanced scorecard: trends, accomplishments, gaps and opportunities for future research [J]. British accounting review, 2014 (1): 33-59.

⑤ MENDES P, SANTOS A C, PERNA, et al. The balanced scorecard as an integrated model applied to the Portuguese public service: a case study in the waste sector [J]. Journal of cleaner production, 2012 (24): 20-29.

看，公共服务质量管理研究是作为政府质量管理研究的分支出现的，并且与政府质量管理研究紧密交织。沿着政府质量管理的主线，学者们主要围绕政府质量管理的理论与实践两个层面进行探讨。在理论层面，颜如春较早将全面质量管理的思想引入政府部门，探索了政府工作全面质量管理的基础理论问题[①]。姜晓萍和郭金云认为，引进ISO9000质量管理体系标准是构建服务型政府的必要手段和有效保障[②]。尤建新和王家合深入政府质量管理体系的要素、要求和程序三个理论命题展开探讨[③]。朱丽君从质量管理的视角切入，较为系统地介绍了政府质量管理的基本理论与方法[④]。在实践层面，卢坤建基于广东省江门市的实践案例分析，指出政府导入ISO9001：2000质量管理体系是建设回应型政府的重要举措[⑤]。孔祥利通过考察地方政府管理实践，深入分析了地方政府引入ISO9000质量管理体系的困境及其根源[⑥]。与之相似，张锐昕和董丽结合一些政府部门实践，探究了政府全面质量管理的缺陷并提出纠正措施[⑦]。

作为政府质量管理研究的细化，公共服务质量管理得到较多学者的关注和讨论。肖陆军以ISO9000族标准为依据，分析了政府公共服务质量管理体系的构成要素、构建要求与构建程序[⑧]。王家合把质量管理理

[①] 颜如春. 论政府工作全面质量管理 [J]. 西南民族大学学报（人文社科版），2003（2）：223-227.

[②] 姜晓萍，郭金云. 我国政府部门实施质量管理体系的探索 [J]. 北京行政学院学报，2004（2）：4-8.

[③] 尤建新，王家合. 政府质量管理体系建构：要素、要求和程序 [J]. 中国行政管理，2006（12）：44-47.

[④] 朱丽君. 政府质量管理的基本理论与方法 [J]. 山西大学学报（哲学社会科学版），2012（4）：95-98.

[⑤] 卢坤建. 建设回应型政府的重要举措：广东省江门市政府导入ISO9001：2000质量管理体系的分析 [J]. 中国行政管理，2008（6）：46-49.

[⑥] 孔祥利. 地方政府引入ISO9000质量管理体系的困境与思考 [J]. 中国行政管理，2013（11）：79-83.

[⑦] 张锐昕，董丽. 政府全面质量管理的缺陷及其纠正 [J]. 社会科学战线，2013（11）：244-246.

[⑧] 肖陆军. 论政府公共服务质量管理体系建构 [J]. 宁夏社会科学，2008（4）：14-17.

念引入公共服务管理中，提出了运用质量管理工具提升公共服务质量的基本途径[①]，并进一步论述了地方政府公共服务质量管理的制度创新[②]。陈振明和耿旭在梳理国内外实践的基础上，总结提出了公共服务质量管理的"推动—反馈"式框架，并以漳州行政服务标准化的创新实践为案例进行理论阐释[③]。陈朝兵借鉴工商领域中质量管理体系的构建思路，围绕基本公共服务质量管理的内容与职能两个要素，构建了"复合型"基本公共服务质量管理体系[④]。陈振明比较系统地探讨了公共服务质量管理的理论和方法及其应用问题，尤其是为我国公共服务质量管理与改进提供了集成化的理论框架与实施策略[⑤]。虞华君等立足于公共服务质量管理，从理论和实践两个方面开展深入分析，对公共服务质量管理的相关理论及研究方法进行了剖析[⑥]。

1.2.2.2 公共服务质量标准化

公共服务标准化是公共服务质量提升的必经之路，因而学者们对公共服务质量的研究自然绕不开公共服务的标准化问题。一部分研究针对公共服务标准化的基础理论、体系构建、实践探索等进行了探讨。郁建兴和秦上人从理论层面阐释了基本公共服务的标准化，并分析了基本公共服务标准化的内容、原则和初步实践[⑦]。卓越等围绕公共服务标准化顶层设计进行研究，认为必须统筹解决好理念上、规范上和操作上的一系列问题[⑧]。尹昌美和卓越结合杭州市上城区的实践个案，分析了公共

① 王家合. 质量管理理念与公共服务管理 [J]. 求索, 2010 (12)：80-81.
② 王家合. 论地方政府公共服务质量管理的制度创新 [J]. 理论探讨, 2011 (6)：138-141.
③ 陈振明, 耿旭. 公共服务质量管理的本土经验：漳州行政服务标准化的创新实践评析 [J]. 中国行政管理, 2014 (3)：15-20.
④ 陈朝兵. 基本公共服务质量管理体系的构建与实证研究 [J]. 中共天津市委党校学报, 2020, 22 (3)：86-95.
⑤ 陈振明. 公共服务质量管理：理论、方法与应用 [M]. 北京：科学出版社, 2017.
⑥ 虞华君, 霍荣棉, 翁列恩, 等. 公共服务质量管理理论与实践 [M]. 杭州：浙江大学出版社, 2021.
⑦ 郁建兴, 秦上人. 论基本公共服务的标准化 [J]. 中国行政管理, 2015 (4)：47-51.
⑧ 卓越, 张世阳, 兰丽娟. 公共服务标准化顶层设计的战略思考 [J]. 中国行政管理, 2014 (2)：34-38.

服务标准化的发展路径、影响因素与评估体系①。杨梅梳理了我国地方政府公共服务标准化的主要模式，并对地方政府公共服务标准化的局限性、基本原则和实施路径进行研究②。宋林霖和李晓艺根据国外市民公约模式的理论探索与改革实践，比较分析了全球视野下公共服务标准化模式③。

与此同时，另一部分研究把公共服务标准化作为推进公共服务均等化和提升公共服务质量的工具与路径。丁元竹认为应当建立全国基本公共服务标准，以此推进基本公共服务均等化④。王国华和温来成从学理层面阐释了基本公共服务标准化是城乡统筹发展的路径选择⑤。王桢桢和郭正林指出，为提高公共服务均等化水平，应当综合统筹服务供给者、生产者和消费者对公共服务均等化的作用，逐步建构统一的服务标准⑥。鄙爱红提出公共服务标准化的建设应基于对公共需求的了解、整合和引导，从而有效提升公共服务的质量水平⑦。夏志强等构建了一个包含"底线标准""发展标准"和"自由均等标准"三个层次的城乡基本公共服务均等化体系⑧。刘银喜等认为公共服务的标准化、均等化与精细化为破解公共服务供给碎片化难题提供了新思路⑨。

① 尹昌美，卓越. 公共服务标准化的发展路径、影响因素与评估体系：以杭州市上城区为个案 [J]. 公共行政评论，2012（4）：93-120.
② 杨梅. 中国地方政府公共服务标准化探索与思考 [J]. 北京行政学院学报，2012（3）：30-34.
③ 宋林霖，李晓艺. 全球视野下公共服务标准化模式比较研究：基于国外市民公约模式的理论探索与改革实践 [J]. 国外理论动态，2019（1）：89-96.
④ 丁元竹. 我国基本公共服务均等化过程中标准建设问题 [J]. 甘肃理论学刊，2008（3）：46-49.
⑤ 王国华，温来成. 基本公共服务标准化：政府统筹城乡发展的一种可行性选择 [J]. 财贸经济，2008（3）：40-43.
⑥ 王桢桢，郭正林. 公共服务均等化的影响因素及标准化体系建构 [J]. 学术研究，2009（6）：59-63.
⑦ 鄙爱红. 公共需求管理与公共服务标准化 [J]. 北京行政学院学报，2012（2）：42-45.
⑧ 夏志强，罗旭，张相. 构建城乡基本公共服务均等化的标准体系 [J]. 新视野，2013（3）：67-70.
⑨ 刘银喜，赵子昕，赵淼. 标准化、均等化、精细化：公共服务整体性模式及运行机理 [J]. 中国行政管理，2019（8）：134-138.

1.2.2.3 公共服务质量测评

公共服务质量测评是许多学者讨论的热点议题。从测评方法与工具看，已有研究主要运用 SERVQUAL 模型和公众满意度调查来对公共服务质量进行测评，其他测评方法和工具则相对较少。在 SERVQUAL 模型运用方面，白长虹和陈晔在考虑公用服务的特殊性和行业特征的基础上，运用 SERVQUAL 模型构建了公用服务质量测评模型[①]。睢党臣等对 SERVQUAL 模型做出了改进，提出从有形性、可靠性、响应性等六个维度来评价农村公共服务质量[②]。吕维霞等借鉴 SERVQUAL 模型等企业顾客公众感知质量测评理论成果，开发了包含便利性、响应性、透明性等维度的公众感知行政服务质量模型[③]。罗晓光和张宏艳根据政府服务的特点，在 SERVQUAL 模型原有的五个维度的基础上增加了"信息性"和"监督性"两个维度[④]。李晓园和张汉荣根据 SERVQUAL 模型对我国县级政府公共服务质量现状和问题进行评估[⑤]。

在公共服务满意度调查方面，刘武和朱晓楠针对我国政府绩效评估存在的问题，主张运用服务接受者满意度指数模型这一新的方法评价公共服务质量[⑥]。张亚明和郑景元借鉴企业客户关系管理中的顾客满意度理念，构建了政府服务的公众满意度评价模型[⑦]。纪江明和胡伟在构建公共服务满意度指标体系的基础上，采用新加坡连氏"中国城市公共

---

① 白长虹，陈晔. 一个公用服务质量测评模型的构建和分析：来自中国公用服务业的证据 [J]. 南开管理评论，2005 (4)：5-8.

② 睢党臣，张朔婷，刘玮. 农村公共服务质量评价与提升策略研究：基于改进的 SERVQUAL 模型 [J]. 统计与信息论坛，2015 (4)：83-89.

③ 吕维霞，陈晔，黄晶. 公众感知行政服务质量模型与评价研究：跨地区、跨公众群体的比较研究 [J]. 南开管理评论，2009 (4)：143-151.

④ 罗晓光，张宏艳. 政府服务质量 SERVQUAL 评价维度分析 [J]. 行政论坛，2008 (3)：35-37.

⑤ 李晓园，张汉荣. SERVQUAL 模型下县域公共服务质量的改进：基于江西省六县公共服务的调查分析 [J]. 南昌大学学报（人文社会科学版），2009 (4)：63-68.

⑥ 刘武，朱晓楠. 服务接受者满意度指数模型：服务型政府绩效评估的新方法及其应用 [J]. 公共管理研究，2006 (0)：114-128.

⑦ 张亚明，郑景元. 基于 CSI 的政府服务评价研究 [J]. 北京行政学院学报，2008 (4)：21-26.

服务质量调查"数据，对我国 34 个城市的公共服务满意度指数进行了评价分析①。梁昌勇等以美国顾客满意度模型为理论工具，结合服务型政府建设要求，构建了公共服务公众满意度测评模型②。龚佳颖和钟杨基于对上海 17 个区县 5 100 位居民的调查数据，对城市居民的公共服务满意度及影响因素进行评价和分析③。曹现强和林建鹏采用改进的熵权逼近理想解排序（TOPSIS）法对城市公共服务满意度进行评价④。王思琦和郭金云探讨了公共服务满意度测量的问题顺序效应，发现问题顺序效应对公共服务满意度存在影响效应⑤。

在其他测评工具和方法方面，邵祖峰结合层次分析法（AHP）和 ABC 分类法筛选指标的方法，设计了城市公共交通服务质量评价的神经网络模型⑥。姚升保采用语言评价采集指标测评数据，并利用模糊数学方法将指标测评数据集结为用语言表达的总体测评结果，以此对政府服务质量进行测评⑦。张英杰等运用特征价格法得到了居民对各类公共服务的偏好参数，并构建了城市公共服务综合质量指数⑧。睢党臣和肖文平利用因子聚类分析方法对我国 31 个省（直辖市、自治区）的农村

① 纪江明，胡伟. 中国城市公共服务满意度的熵权 TOPSIS 指数评价：基于 2012 连氏"中国城市公共服务质量调查"的实证分析 [J]. 上海交通大学学报（哲学社会科学版），2013 (3)：41-51.

② 梁昌勇，代肇，朱龙. 基于 SEM 的公共服务公众满意度测评模型研究 [J]. 华东经济管理，2015 (2)：123-129.

③ 龚佳颖，钟杨. 公共服务满意度及其影响因素研究：基于 2015 年上海 17 个区县 1 调查的实证分析 [J]. 行政论坛，2017 (1)：85-91.

④ 曹现强，林建鹏. 城市公共服务满意度评价及影响因素研究：以山东省为例 [J]. 山东大学学报（哲学社会科学版），2019 (4)：19-30.

⑤ 王思琦，郭金云. 公共服务满意度测量的问题顺序效应：来自一项嵌入性调查实验的证据 [J]. 公共管理评论，2020 (1)：92-115.

⑥ 邵祖峰. 城市公共交通服务质量评价神经网络模型 [J]. 城市管理与科技，2005 (4)：178-180.

⑦ 姚升保. 基于语言评价的政府服务质量测评方法及实证分析 [J]. 情报杂志，2011 (2)：53-57.

⑧ 张英杰，张原，郑思齐. 基于居民偏好的城市公共服务综合质量指数构建方法 [J]. 清华大学学报（自然科学版），2014 (3)：373-380.

公共服务质量进行了测度①。张钢等基于顾客价值理论，构建了一套包括功能价值、情感价值、社会价值和感知代价四个维度共 45 个具体指标的地方政府公共服务质量评价指标体系②。

1.2.3　研究评价

综上所述，研究者围绕公共服务质量的管理、标准化、测评等议题开展了持续、深入的研究，取得了较为丰硕的成果，贡献了许多颇具启发性和参考性的理论观点，为本书的研究奠定了坚实的基础。然而，已有研究也存在一些薄弱环节，有待进一步的完善和深入讨论。

第一，基于质量监测视角开展的基本公共服务质量监测专题研究相对缺乏。已有研究主要讨论了公共服务质量的基础理论、管理、标准化、测评等内容，而针对公共服务质量监测的研究则较为匮乏。截至2022 年 8 月 31 日，笔者通过在 CNKI 数据库中检索发现，在核心期刊上发表的以公共服务质量监测为主题的学术论文仅有 1 篇③，以教育、医疗等公共服务具体领域的质量监测为主题的论文也为数不多。由此可见，相较于日益兴起的公共服务质量监测实践，公共服务质量监测研究显得比较滞后。虽然公共服务质量测评（或评价）与公共服务质量监测具有十分密切的关系，但二者也存在较大差异，不能简单等同。

第二，公共服务质量议题的已有研究对广义层面和狭义层面的公共服务区分并不明确。公共服务的概念有广义和狭义之分。广义的公共服务包括政府的经济调节、市场监管、社会管理和公共服务四大职能；狭义的公共服务仅指政府四大职能中的公共服务职能，即相当于基本公共

---

① 睢党臣，肖文平. 农村公共服务质量测度与提升路径选择：基于因子聚类分析方法 [J]. 陕西师范大学学报（哲学社会科学版），2014 (5)：148-158.
② 张钢，牛志江，贺珊. 地方政府公共服务质量评价体系及其应用 [J]. 浙江大学学报（人文社会科学版），2008 (6)：31-40.
③ 张启春，梅莹. 基本公共服务质量监测：理论逻辑、体系构建与实现机制 [J]. 江海学刊，2020 (4)：242-247.

服务的概念。对此，已有公共服务质量研究成果并未加以明确区分，造成公共服务质量、政府服务质量、行政服务质量等不同概念混淆，且真正聚焦于"基本公共服务"的质量研究并不多。《国家基本公共服务体系"十二五"规划》颁布以来，"基本公共服务"成为国家政策文本和学界研究的重要关键词，因此有必要就基本公共服务的质量问题进行专门研究。

第三，立足于国内实践开展的基本公共服务质量本土化理论研究有待丰富。西方公共服务质量研究起步比我国早二三十年，不仅积累的研究成果更丰硕，而且在研究的广度和深度方面也领先于我国已有研究。受此影响，我国公共服务质量研究的既有成果中，较多是对国外公共服务质量理论研究及实践经验的引入介绍和分析借鉴，而立足于我国国情开展的基本公共服务质量本土化研究匮乏。特别是，随着我国基本公共服务质量管理实践的兴起，实务界对本土化的基本公共服务质量理论研究的需求日益增长，这就迫切需要国内学界加快该领域的研究进程。

针对上述研究薄弱环节，本书将聚焦于基本公共服务质量监测的基础理论与体系构建研究，并结合成都市村级基本公共服务质量监测体系的实践案例进行叙事性说明，力争对我国基本公共服务质量监测的研究有所突破。

1.3 研究的基本思路与框架及主要内容

1.3.1 研究的基本思路与框架

本书以基本公共服务质量监测为研究对象，研究内容和问题主要包括基本公共服务质量监测的基础理论（回答"是什么"的问题），基本公共服务质量监测的体系构建（回答"体系如何构建"的问题）和基本公共服务质量监测体系的内容（回答"体系包含哪些内容"），旨在科学构建基本公共服务质量监测体系理论框架，为基本公共服务质量监测实务部门提供实践应用指导。按照"总—分—总"的研究思路，本书形成了"提出问题—基础理论—体系框架—次级体系—实证研究—得出结论"的研究框架，具体如图 1.1 所示。

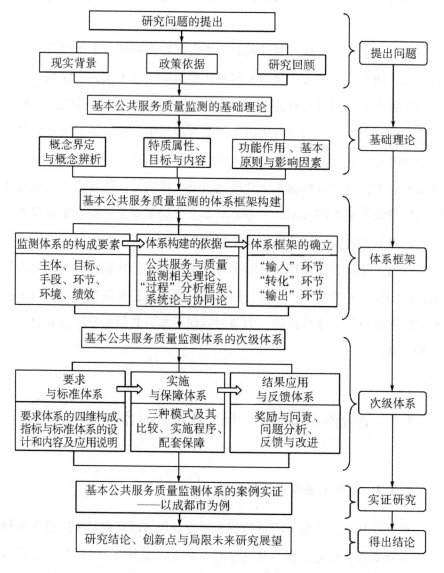

图1.1 本书研究思路与总体框架

1.3.2 研究的主要内容

根据图 1.1 所呈现的研究框架，本书的主要内容分为六个部分，各部分又包含相应的具体研究内容。

1.3.2.1 基本公共服务质量监测的基础理论

本部分从基础理论的角度切入，系统解答基本公共服务质量监测"是什么"的问题，为基本公共服务质量监测体系的构建奠定理论基础。具体的研究内容包括：

（1）相关概念界定。这些概念包括公共服务、基本公共服务、质量、基本公共服务质量、监测、质量监测与基本公共服务质量监测等概念。

（2）相近概念辨析。这些概念包括基本公共服务的质量监测与质量测评、质量监测与监控、质量监测与质量管理三组概念。

（3）基本公共服务质量监测的特质属性、目标与内容。

（4）基本公共服务质量监测的功能作用、基本原则与影响因素。

1.3.2.2 基本公共服务质量监测体系构建的依据、过程与结果

本部分依据监测体系构建的一般规律，按照基本公共服务质量监测体系构建的目标与理论依据，从学理层面构建基本公共服务质量监测体系的理论框架。具体的研究内容包括：

（1）基本公共服务质量监测体系的概念、特征与构成要素。具体包括基本公共服务质量监测体系的概念与特征、基本公共服务质量监测体系的构成要素及其相互关系。

（2）基本公共服务质量监测体系构建的实践缘由、目标与机理。

（3）基本公共服务质量监测体系构建的理论依据。具体包括基础性理论依据——公共服务与质量监测相关理论，主导性理论依据——"过程"分析框架，考量性理论依据——系统论与协同论。

（4）基本公共服务质量监测体系框架的确立。按照"输入—转化

—输出"的"过程"框架，本书构建出包含"输入""转化"和"输出"三个环节的"过程型"基本公共服务质量监测体系框架。

（5）"过程型"基本公共服务质量监测体系的特色与应用价值。

1.3.2.3 基本公共服务质量监测的要求与标准体系

本部分对"过程型"基本公共服务质量监测体系的次级体系之一——基本公共服务质量监测的要求与标准体系进行了专题分析。具体的研究内容包括：

（1）基本公共服务质量监测要求与标准的内涵及其相互关系。具体包括基本公共服务质量监测要求的概念与特征、基本公共服务质量监测标准的内涵与特征、基本公共服务质量监测要求与标准的区别和联系。

（2）基本公共服务质量监测的要求体系的四维构成。具体包括基本公共服务质量监测的价值取向要求、公共政策要求、基本原则要求和实践运行要求。

（3）基本公共服务质量监测的指标与标准体系的设计和内容及应用。具体包括基本公共服务质量监测的指标与标准体系的设计依据、基本公共服务质量监测的指标与标准体系的框架确立、基本公共服务质量监测的指标与标准体系的主要内容、基本公共服务质量监测的指标与标准体系的应用说明。

1.3.2.4 基本公共服务质量监测的实施与保障体系

本部分对"过程型"基本公共服务质量监测体系的次级体系之一——基本公共服务质量监测的实施与保障体系进行了专题分析。具体的研究内容包括：

（1）基本公共服务质量监测的三种模式及其比较。该部分先介绍了基本公共服务质量的专业监测模式、公众监测模式和综合监测模式，而后对三种监测模式进行了比较与分析。

（2）基本公共服务质量监测的实施程序。具体包括设计基本公共服务质量监测方案、搜集和分析基本公共服务质量监测数据、撰写和发布基本公共服务质量监测报告、总结基本公共服务质量监测工作。

（3）基本公共服务质量监测的配套保障。具体包括政策法规保障、组织机构保障和人财物资源保障。

1.3.2.5　基本公共服务质量监测的结果应用与反馈体系

本部分对"过程型"基本公共服务质量监测体系的次级体系之一——基本公共服务质量监测的结果应用与反馈体系进行了专题分析。具体的研究内容包括：

（1）基于质量监测结果的基本公共服务质量奖励与问责。这部分介绍了基本公共服务质量的"优质奖励"与"进步奖励"、实践考察与机制构建、"同体问责"与"异体问责"、双重逻辑与实现机制。

（2）基于质量监测结果的基本公共服务质量分析。问题识别及成因诊断是基本公共服务质量分析的二维目标，总体问题与分支问题是基本公共服务质量问题识别的基本思路，质量问题追溯是基本公共服务质量问题成因诊断的有效方法。

（3）基于质量监测结果的基本公共服务质量反馈与改进。这部分介绍了基本公共服务质量反馈的目标定位与关键环节、服务质量差距模型在基本公共服务质量改进中的应用、基本公共服务质量改进的分类整改机制与持续追踪机制。

1.3.2.6　基本公共服务质量监测体系的案例实证——以成都市为例

本部分选取具有代表性和典型性的全国统筹城乡综合配套改革试验区——成都市的基本公共服务质量监测体系作为个案，对构建的"过程型"基本公共服务质量监测体系进行实证分析。具体的研究内容包括：

（1）成都市"过程型"村级基本公共服务质量监测体系构建的背景与历程。

（2）成都市"过程型"村级基本公共服务质量监测体系的构成与

内容。具体包括村级基本公共服务质量监测的要求与标准体系、村级基本公共服务质量监测的实施与保障体系、村级基本公共服务质量监测的结果应用与反馈体系。

（3）成都市"过程型"村级基本公共服务质量监测体系的不足与改进建议。

1.4　研究的重难点与方法技术

1.4.1　研究的重难点

本书研究的重点主要包括基本公共服务质量监测的基础理论解析、体系框架构建和体系实施环节三个方面。第一，准确解析基本公共服务质量监测的基础理论。基本公共服务质量监测的概念、本质、目标、影响因素等基础理论是本书研究的逻辑前提。第二，构建基本公共服务质量监测的体系框架。基本公共服务质量监测体系构建逻辑决定了体系构建结果的科学性和有效性，具有相当的重要性。第三，深入剖析基本公共服务质量监测的实施环节。基本公共服务质量监测的标准制定、模式选择和结果应用等环节关系到基本公共服务质量监测的实践指导与应用，是本书研究的重点。

本书研究的难点主要集中于基本公共服务质量监测的指标标准和操作模式两个方面。第一，构建一套适用性和操作性强的基本公共服务质量监测的指标与标准体系。基本公共服务本身包含内容多，且具有高度的复杂性，对监测的指标和标准体系的构建提出了较大挑战，这是本书所做研究的难点所在。第二，科学合理地选择基本公共服务质量监测的操作模式并设计其操作程序。基本公共服务质量监测有多种操作模式，在具体选择操作模式及设计操作程序上，必须充分考量我国国情和现实可行性，这是本书研究的另一个难点所在。

1.4.2　研究的方法技术

本书立足于公共管理的学科范畴，同时综合运用政治学、公共政策学、工商管理学、法学等多学科视角，采用多种方法展开研究。

（1）文献研究法。针对基本公共服务质量监测的基础理论分析与体系框架构建，笔者采用文献研究法，对搜集的国内外关于公共服务、质量监测方面的学术文献、研究报告、政策法规、统计年鉴、媒体报道等文献资料进行系统梳理和深入分析，从中汲取理论知识和经验数据，为研究观点的论证提供学理依据和学理支撑。

（2）逻辑演绎法。针对基本公共服务质量监测体系的理论框架构建，笔者重点运用逻辑演绎的方法，以相关理论知识为基础，按照一般体系构建的规律和路径，从"应然"层面进行演绎推导，确保最终构建的体系具备逻辑性和科学性。

（3）案例研究法。笔者选取了具有一定代表性和典型性的全国综合配套改革试验区——成都市的村级基本公共服务质量监测体系作为个案，对其"过程型"基本公共服务质量监测体系加以分析。

除以上研究方法外，笔者在探讨基本公共服务质量监测的基础理论、体系框架构建、要求与标准体系、实施与保障体系、结果应用与反馈体系、实证研究的过程中，还根据研究需要综合采用了一些具体的研究手段与技术，如跨学科分析法、层次分析法、ISO9000 族标准、顾客满意度指数、理论分析法、制度分析法、目标分析法、政策分析法、德尔菲法等。

本书涉及的研究数据以二手数据为主。笔者通过 Web of Science 数据库和 CNKI 数据库搜集学术文献，并通过政府官方网站、政府微信公众号、中国年鉴全文数据库、北大法宝数据库、新闻媒体报道等途径搜集政府工作报告、政策与法规文件、统计年鉴、研究报告等资料。

综上所述，按照"研究数据来源—研究内容—研究方法与技术"，笔者绘制出本书的研究技术路线图（如图 1.2 所示）。

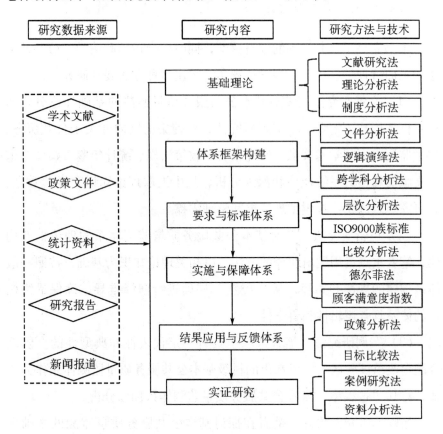

图 1.2　本书的研究技术路线

2　基本公共服务质量监测的基础理论

何为基本公共服务质量监测？基本公共服务质量监测与基本公共服务质量测评、监控与管理有何区别？基本公共服务质量监测的目标和内容是什么？基本公共服务质量监测有哪些功能作用与基本原则？基本公共服务质量监测受到哪些因素的影响？这些问题构成了基本公共服务质量监测的基础理论问题，既是认知基本公共服务质量监测绕不开的基本问题，也是构建基本公共服务质量监测体系必须先予解答的关键问题。

2.1　基本公共服务质量监测的相关概念界定

2.1.1　公共服务与基本公共服务

2.1.1.1　公共服务

"公共服务"一词的渊源可追溯至西方经济学中的公共产品理论，西方学界也因此常把公共服务置于经济学的学科范畴。与之不同，我国学界更多把公共服务视作政治学与行政学学科中的概念，一个重要的原因在于公共服务在 21 世纪初被确立为服务型政府的核心职能。

虽然公共服务在近几十年里已成为公共事务领域和公共行政等相关

学科中的关键和热点概念①，但学者们对它的定义和理解一直处于众说纷纭、莫衷一是的状态。当前界定公共服务的主流视角及其观点主要有如下四种：第一种是公共产品的界定视角，强调从公共产品的非排他和非竞争双重特性角度解读公共服务。如以马庆钰为代表的学者将公共服务定义为"由法律授权的政府和非政府公共组织以及有关工商企业在纯粹公共物品、混合性公共物品以及特殊私人物品的生产和供给中所承担的职责"②。第二种是公共权力的界定视角，强调从公共权力的政府施行、权威保障、履职义务等要素角度理解公共服务。如以莱昂·狄骥（Léon Duguit）为代表的学者将公共服务阐释为"那些事实上掌握着权力的人负有使用其手中的权力来组织公共服务，并保障和支配公共服务提供的义务"③。第三种是公共需求的界定视角，强调从社会公众需求的角度把握公共服务。如以郁建兴和吴玉霞为代表的学者将公共服务定义为"政府为满足社会公共需要而提供的产品与服务的总称"④。第四种是公共利益的界定视角，强调从公共利益的角度判断公共服务。如以杜万松为代表的学者把公共服务表述为"如果把政府服务作为我们判定公共服务的标尺，那么公共服务可以界定为以公共利益为目的、提供各种物品（包括有形物和无形物）的活动"⑤。

作为上述多种观点的有力整合和推进，学者姜晓萍和陈朝兵沿着"价值—功能—过程—结果"的逻辑线索将公共服务的内涵补充拓展为六种，即实现公共利益、满足公共需求、运用公共权力、制定公共政

① HOLZER M, CHARBONNEAU E, KIM Y. Mapping the terrain of public service quality improvement: twenty-five years of trends and practices in the United States [J]. International review of administrative sciences, 2009 (3): 403-418.

② 马庆钰. 公共服务的几个基本理论问题 [J]. 中共中央党校学报, 2005 (1): 58-64.

③ 狄骥. 公法的变迁 [M]. 郑戈，译. 沈阳：辽海出版社，1999：40.

④ 郁建兴，吴玉霞. 公共服务供给机制创新：一个新的分析框架 [J]. 学术月刊, 2009, 41 (12): 12-18.

⑤ 杜万松. 公共产品、公共服务：关系与差异 [J]. 中共中央党校学报, 2011, 15 (6): 63-66.

策、配置公共资源和共享社会福利①，大大深化了我们对公共服务的认知和理解。本书延续这一思路将公共服务定义为：政府部门为了保障公共利益，通过制定公共政策、运用公共权力和配置公共资源，提供满足社会民众公共需求的有形产品和无形服务的过程。

2.1.1.2 基本公共服务

虽然能从国外学者的学术思想中探寻"基本公共服务"的根源，但其更多是中国语境下的特有概念，尤其在党的十六届六中全会之后被用作与服务型政府、和谐社会、民生保障与改善等议题紧密相关的典型政策话语。在 2012 年国务院印发的《国家基本公共服务体系"十二五"规划》中，基本公共服务被定义为"建立在一定社会共识基础上，由政府主导提供的，与经济社会发展水平和阶段相适应，旨在保障全体公民生存和发展基本需求的公共服务"。这一政策性界定的意义在于，不仅给出了一个明确的基本公共服务定义，而且清晰地阐释了基本公共服务中"基本"二字的含义：①共识层面——以社会共识为基础；②供给层面——政府主导提供；③社会阶段层面——适应经济社会发展的水平和阶段；④民众需求层面——保障全体公民生存和发展的基本需求。

如果说上述关于"基本"的释义是从政策层面将基本公共服务与（一般）公共服务区分开来，那么学术层面将基本公共服务与（一般）公共服务进行区分的依据则是公共服务的"广义论"和"狭义论"。根据丁元竹②、郁建兴和吴玉霞③、薛澜和李宇环④等学者提出并被学界认

---

① 姜晓萍，陈朝兵. 公共服务的理论认知与中国语境 [J]. 政治学研究，2018（6）：2-15.

② 丁元竹. 扩大内需的结构和体制约束因素：社会基本公共服务供给不足 [J]. 公共管理评论，2006（2）：109-127.

③ 郁建兴，吴玉霞. 公共服务供给机制创新：一个新的分析框架 [J]. 学术月刊，2009，41（12）：12-18.

④ 薛澜，李宇环. 走向国家治理现代化的政府职能转变：系统思维与改革取向 [J]. 政治学研究，2014（5）：61-70.

同的观点，广义的公共服务包括政府的经济调节、市场监管、社会管理和公共服务四大职能，狭义的公共服务仅指政府四大职能中的公共服务职能。基本公共服务对应的是狭义的公共服务，其具有以社会共识为基础、由政府承担供给责任并主导提供、适应经济社会发展水平和阶段、与民生保障直接相关和体现公民基本权利等特征，具体包括基本公共教育、劳动就业服务、社会保险、基本社会服务、基本医疗卫生、人口和计划生育、基本住房保障、公共文化体育等公共产品和服务。本书中的"基本公共服务"概念，采用的是狭义层面的公共服务含义。

2.1.2　质量与基本公共服务质量

2.1.2.1　质量

"质量"长期以来是一个充满争议的概念。许多享誉学术界的专家学者，如休哈特（W. A. Shewhtar）、克劳斯比（P. B. Crosby）、费根鲍姆（A. V. Feigenbaum）、朱兰（J. M. Juran）、戴明（W. E. Deming）、田口玄一（Taguchi Genichi）等，以及国际标准化组织（ISO），都对"质量"的概念下过不同的定义（见表2.1）。针对理论界和实践界关于质量概念的诸多观点，埃文斯和林赛概括出五种质量观：第一种是"评判型"质量观，即"质量"与"优异"等词同义；第二种是"产品型"质量观，即质量反映的是产品属性的"量"；第三种是"用户型"质量观，即质量是对顾客需要的适用和满足；第四种是"价值型"质量观，即质量通过有用性或满意度来衡量；第五种是"生产型"质量观，即质量是产品生产过程中的"符合规范"[①]。

[①]　埃文斯，林赛. 质量管理与质量控制［M］. 焦叔斌，译. 北京：中国人民大学出版社，2010：9-10.

表 2.1 学术界关于"质量"概念的经典定义①

学者/组织	观点	观点简析
休哈特	绝对的和普遍认可的,标志着一个不可妥协的标准和高的成就	视"质量"为"优异""高标准"的同义词
克劳斯比	产品或服务质量等价于可测量的符合标准的特性参数	把"质量"定义为"符合标准的特性参数"
费根鲍姆	产品和服务在市场营销、工程、制造、维护的各个方面的综合特性,要通过这些各个方面的使用来满足顾客的期望	认为质量由顾客的期望决定
朱兰	产品质量就是产品的适用性,也即产品在使用时能成功满足需要的程度	把"质量"定义为"适用性"
戴明	"质量"与"过程""经营""顾客愿意支付的价格"等相关,同时质量有不同水平的表现	质量具有多维面向和不同水平
田口玄一	产品出厂进入市场后给社会带来的损失程度,其中"社会"主要指顾客及利益相关方	质量是给社会造成的"损失程度"
国际标准化组织	一组固有特性满足要求的程度	该质量定义被国际普遍认同和广泛使用

质量概念的内涵也经历了不同的发展阶段。程虹等把质量的内涵演变划分为符合性、适用性、满意性三个阶段②。其中,符合性阶段的质量内涵是依据标准判断对象合格与否;适用性阶段的质量内涵是产品成功满足顾客要求的程度;满意性阶段的质量内涵是顾客对产品的满意度。与之相似,周志忍把质量内涵的发展划分为品质、服务、满意度三个阶段③。其中,品质阶段的质量是指产品质量由产品内在品质决定,

---

① 这些经典定义均转引自宝鹿的《关于质量定义的研究、讨论和探索》。

② 程虹,范寒冰,肖宇. 企业质量安全风险有效治理的理论框架:基于互联网信息的企业质量安全分类模型及实现方法 [J]. 管理世界,2012(12):73-81.

③ 周志忍. 公共部门质量管理:新世纪的新趋势 [J]. 国家行政学院学报,2000(2):40-44.

服务阶段的质量是指产品质量由内在品质扩展至产品外观、销售服务及售后服务等，满意度阶段的质量是指产品或服务质量由顾客的满意度衡量。

综上，质量的内涵虽然具有争议性、多样性和发展性，但一般都包含"客观"和"主观"两个基本维度。所谓客观维度，是指质量表现为产品（或服务）自身品质或性能满足客观标准要求的程度。所谓主观维度，是指质量表现为产品（或服务）自身品质或性能满足顾客主观要求的程度。可见，客观要求和主观要求构成了质量内涵的"一体两翼"。正是在此意义上，国际标准化组织在其颁布的 ISO9000：2000 族标准中将质量一词综合性地界定为"一组固有特性满足要求的程度"，而定义中的"要求"则包括客观要求和主观要求①。本书采用的正是国际标准化组织给出的这一质量定义。

2.1.2.2　基本公共服务质量

目前，国内学者少有对基本公共服务质量的概念做出界定，更多是讨论公共服务质量的概念。由于对质量概念的理解不一，学者们对公共服务质量的概念界定存在很大分歧，其中主流观点有如下四种：第一种是以林尚立②、张成福和党秀云③为代表的学者持有的公众需求满足观，认为公共服务质量是公共服务满足社会公众需求的程度。第二种是以陈振明和李德国④、张锐昕和董丽⑤为代表的学者持有的公共服务特性观，认为公共服务质量是公共服务内在的品质或特性。第三种是以金青

---

①　陈朝兵. 公共服务质量的概念界定 [J]. 长白学刊，2017（1）：63-68.
②　林尚立. 国内政府间关系 [M]. 杭州：浙江人民出版社，1998：29.
③　张成福，党秀云. 公共管理学 [M]. 北京：中国人民大学出版社，2001：311.
④　陈振明，李德国. 基本公共服务的均等化与有效供给：基于福建省的思考 [J]. 中国行政管理，2011（1）：47-52.
⑤　张锐昕，董丽. 公共服务质量：特质属性和评估策略 [J]. 北京行政学院学报，2014（6）：8-14.

梅①、丁辉侠②为代表的学者持有的公众满意度观，认为公共服务质量是社会公众对公共服务的满意程度。第四种是以蔡立辉③、陈文博④为代表的学者持有的综合质量观，认为公共服务质量是公共服务特性、公众需求满足、公众满意度等的综合。

笔者通过分析少数几种现有的基本公共服务质量的定义，发现其存在一定局限。比如，董丽认为"基本公共服务质量是指在服务型政府背景下，政府部门提供的公共服务（包括公共产品）所具有的特性满足要求（包括需求）的程度"⑤，该定义未将基本公共服务与公共服务进行区分。又如，谢星全认为"基本公共服务质量主要是指生产目标的实现程度"⑥，该定义对质量概念做宽泛化理解，不符合质量概念的专业含义。

笔者在《基本公共服务质量：概念界定、构成要素与特质属性》一文中提出了界定基本公共服务质量概念的构词法思路，即在准确理解基本公共服务和质量两个子概念的基础上界定基本公共服务质量的概念⑦。从质量子概念的角度来看，基本公共服务质量概念中的基本公共服务是质量的载体。因此，按照ISO9000：2000族标准中关于质量的定义"一组固有特性满足要求的程度"，我们可将基本公共服务质量的概念直接界定为"基本公共服务的固有特性满足社会要求的程度"。但结合前文分析，一方面，质量定义中的"要求"包括客观要求和主观要

---

① 金青梅. 政府公共服务质量的概念界定与基本理论分析 [J]. 集团经济研究，2007（1）：20-21.

② 丁辉侠. 公共服务质量评价体系构建思路分析 [J]. 商业时代，2012（7）：97-98.

③ 蔡立辉. 论当代西方政府公共管理及其方法 [J]. 中山大学学报（社会科学版），2003（2）：26-32.

④ 陈文博. 公共服务质量评价与改进：研究综述 [J]. 中国行政管理，2012（3）：39-43.

⑤ 董丽. 基本公共服务质量评价问题研究 [D]. 长春：吉林大学，2015：42.

⑥ 谢星全. 基本公共服务质量：多维建构与分层评价 [J]. 上海行政学院学报，2018（4）：14-26.

⑦ 陈朝兵. 基本公共服务质量：概念界定、构成要素与特质属性 [J]. 首都经济贸易大学学报，2019（3）：65-71.

求，对应到基本公共服务中，即相关规定要求（如基本公共服务政策法规、管理文件中提出的要求）和社会公众要求（如企业、社会组织、新闻媒体、普通公民等对公共服务的要求）；另一方面，由于基本公共服务既体现为过程层面的政府的一系列供给行为和活动（"如何提供"），又体现为结果层面的政府提供的有形产品和无形服务（"提供什么"），因而基本公共服务的固有特性不仅存在于提供的过程中，也存在于提供的结果中。综合此两点，基本公共服务质量的概念可进一步细化为：基本公共服务提供过程及结果中的固有特性满足相关规定要求和社会公众要求的程度。

根据该定义，基本公共服务质量概念的内涵包括如下三层：第一，基本公共服务质量特性，指基本公共服务自身固有的特质，其同时存在于基本公共服务提供的过程和结果中，并具有满足基本公共服务相关规定要求和社会公众要求的功能。第二，基本公共服务质量要求，指相关政策文件和社会公众对基本公共服务的固有特性提出的定量或定性的要求，具体分为具有客观性的相关规定要求和具有主观性的社会公众要求。第三，基本公共服务质量特性满足质量要求的程度，指基本公共服务提供过程及结果中的固有特性符合或达到相关政策文件和社会公众提出的基本公共服务质量要求的水平。其中，基本公共服务提供过程中的固有特性满足质量要求的程度，即基本公共服务的过程质量；基本公共服务提供结果中的固有特性满足质量要求的程度，即基本公共服务的结果质量；基本公共服务的固有特性满足相关规定要求的程度，即基本公共服务的客观质量；基本公共服务的固有特性满足社会公众要求的程度，即基本公共服务的主观质量（见图 2.1）。

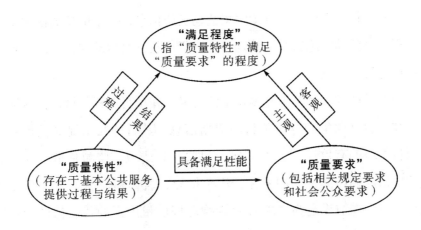

注：图中"质量特性""质量要求"和"满足程度"分别是"基本公共服务质量特性""基本公共服务质量要求"和"基本公共服务质量特性满足质量要求的程度"的缩写。

图 2.1　基本公共服务质量的内涵及其互动关系

（资料来源：笔者自制）

2.1.3　监测、质量监测与基本公共服务质量监测

2.1.3.1　监测

"监测"一词源于医学卫生领域，并在生态环境、灾害与风险管理、项目工程、社会安全等领域得到广泛使用。在英文词源"monitor"中，监测的含义包括监视、检测、监控①。《辞海》对"监测"的释义包括两层：一是监视测量；二是对疾病或临床现象不断进行系统收集，对结果进行反馈与分析，并采取有效措施②。经济合作与发展组织（OECD）认为，监测是指根据特定指标系统地收集数据，为管理者提供活动进展状况、目标实现程度、资金使用情况等活动执行中的有关信息。世界银行指出，监测属于内部管理实践，是活动实施管理者的责

---

① 夏恩钟. 漫谈环境监测仪器［J］. 中国仪器仪表，2007（10）：33-34.
② 辞海编辑委员会. 辞海［M］. 上海：上海辞书出版社，2010：5117.

任，主要包括如下内容：持续收集活动实施信息，基于信息数据评价活动过程，将活动实施情况与预定目标进行比较，对活动实施情况进行调整以促进目标达成。

一些具体领域赋予了监测特定的含义。在项目工程领域，监测通常是指"系统地收集和分析项目的数据信息，其目的在于提高工作效率和项目组织的有效性"①。在灾害与风险管理领域，监测是指"对个人或群体活动的持续密切的关注，用于指导、监督和控制"②。在环境领域，监测一词被界定为"通过对影响环境质量因素的代表值的测定来确定环境质量（或污染程度）及其变化趋势"③。在卫生领域，监测是指"不断地在其管辖地区，系统地收集、整理、分析和评价人群健康和疾病状况，以及影响人群健康和疾病状况的各种因素的资料，并定期向卫生行政部门报告，或向有关部门和群众通报"④。

综上可知，尽管学术界对监测一词有着不同的界定，但具有如下共性内涵：第一，监测目标的明确性。监测旨在为相关主体提供活动的动态进展与变化趋势、目标实现程度、问题诊断及解决方案等情况，促进活动目标的有效达成。第二，监测主体的主导性与多元性。监测通常由活动的管理主体主导实施，但也可以由利益相关方或第三方主体等其他主体实施。第三，监测方式的信息数据依赖性。监测强调对活动信息数据进行系统搜集、整理、分析和评价。第四，监测过程的持续性。监测是一个持续不断的长期过程，体现为对多次监测和评估结果的跟踪分析和动态把握。第五，监测结果的应用性。相关主体常将从监测获取的信息数据与评价结果作为解决问题、实施奖惩等的依据。

---

① 沈南山. 基础教育质量监测：学业评价制度分析视角 [J]. 教育科学研究，2010（7）：37-40.

② BRACHMAN P S. Public health surveillance [M]. New York：Springer，2009.

③ 奚旦立，孙裕生，刘秀英. 环境监测 [M]. 3 版. 北京：高等教育出版社，2004：1-2.

④ 何靖宇，韩增寿，王增荣. 浅谈食品卫生监测管理 [J]. 实用医技杂志，1998（2）：100-101.

基于上述分析，本书中监测是指相关主体通过对活动信息数据的持续搜集、整理、分析和评价，以掌握活动的动态变化、目标实现程度、存在问题及解决方案等情况，最终促进活动目标有效达成的过程。

2.1.3.2 质量监测

与监测一词相比，质量监测的概念明确了监测的内容，即质量。但对何种领域或载体的质量进行监测，质量监测一词并不明确。也因此，学术界少有单独对质量监测进行界定的，而更多的是对特定领域或载体的质量监测，如空气（环境）质量监测、教学（教育）质量监测、就业质量监测、耕地质量监测、农产品质量监测等进行界定。

与质量监测一词相近且具有相同构词结构的概念是质量管理。关于质量管理的概念，国际标准化组织的定义是"在质量方面指挥和控制组织的协调的活动"[①]；费根鲍姆认为是"为了能够在最经济的水平上并考虑到充分满足顾客要求的条件下进行市场研究、设计、制造和提供售后服务，把企业内各部门的研制质量、维持质量和提高质量的活动构成一体的一种有效的体系"[②]；石振武和程有坤认为是"在一定的技术经济条件下，为保证和提高产品质量所进行的一系列经营管理活动的总称"[③]。由此可以看出，质量管理概念中的"质量"具有两层含义：一是与质量相关的内容，二是保证和提高质量的目标。

本书借鉴上述质量管理概念定义中的"质量"含义，把质量监测界定为：相关主体通过对质量内容的相关信息数据的持续搜集、整理、分析和评价，以掌握质量内容的动态变化、目标实现程度、存在问题及解决方案等情况，最终旨在保障和提高质量水平的过程。

2.1.3.3 基本公共服务质量监测

随着质量管理思想在基本公共服务领域的运用，学术界越来越多地

---

① 梁工谦. 质量管理学 [M]. 北京：中国人民大学出版社，2014：295.
② 梁工谦. 质量管理学 [M]. 北京：中国人民大学出版社，2014：295.
③ 石振武，程有坤. 道路经济与管理 [M]. 2版. 武汉：华中科技大学出版社，2007：242-257.

使用基本公共服务质量监测这一学术概念①。但总体上，对（基本）公共服务质量监测的概念进行讨论的研究并不多见。李高帅认为公共服务质量监测是公众基于公共服务客观发展事实对其服务质量的一种评价，既具有主观性，又具有一定的群体性评价标准②。《2021 年全国公共服务质量监测情况通报》指出，公共服务质量监测是"了解公众对当前社会热点质量问题的感受、期望、评价和态度的一种研究方法，反映了公众对服务质量的总体性和社会性评价"③。赵阳光认为，基本公共服务质量监测是指"由基本公共服务多元监测主体协同运用方法、工具和技术手段，对基本公共服务供给、过程以及结果是否满足主客观质量要求，进行多次、持续性和长期性的监视与测评"④。陈朝兵指出，基本公共服务质量监测是指"运用一定的方法、工具和技术手段对基本公共服务质量特性满足质量要求的程度进行多次、持续性和长期性的测评，进而加以监视的过程"⑤。张启春和梅莹指出基本公共服务质量监测的内涵包括三个方面：一是有标准制定、质量评估、结果反馈及改进提升等环节；二是体现为一套循环往复、动态变化的程序；三是有监测流程、监测主体、监测类型、监测内容、监测原则、评估、数据来源、监测周期、结果运用等相互联系、相互作用的组成部分⑥。可以看出，上述概念讨论一方面涉及基本公共服务质量监测的内容、方式、过程、目标、性质等要素，另一方面在基本公共服务质量监测的核心内涵上存在差异。

---

① 截至 2022 年 12 月 31 日，笔者在 CNKI 数据库中采用全文检索的方式，键入"公共服务质量"一词，检出相关研究文献近 200 篇。

② 李高帅. 我国公共服务质量监测提升路径 [EB/OL].（2021-12-12）[2024-05-03].http://www.rmlt.com.cn/2021/1217/635068.shtml.

③ 李鸿雁. 2021 年全国公共服务质量监测情况发布 南京排名全国第一 [EB/OL].（2022-04-25）[2024-05-03].https://baijiahao.baidu.com/s? id＝1731059853504131564&wfr＝spider&for＝pc.

④ 赵阳光. 基本公共服务质量监测：特性、原则与分类 [J]. 标准科学，2022（7）：111-117.

⑤ 陈朝兵. 基本公共服务质量管理体系的构建与实证研究 [J]. 中共天津市委党校学报，2020（3）：86-95.

⑥ 张启春，梅莹. 基本公共服务质量监测：理论逻辑、体系构建与实现机制 [J]. 江海学刊，2020（4）：242-247.

为了更好地界定基本公共服务质量监测的概念，笔者梳理了其他领域质量监测的概念以作参考（如表 2.2 所示）。

表 2.2　其他领域质量监测概念界定梳理

概念	定义	学者
在线教学质量监测	指监测主体依据现代教学理论、遵循教学规律、运用现代信息技术对教学主体分离状态下通过互联网等进行的教学活动的统计、测量、评价、反馈和调控，以促进教学质量提升和实现教学目的的过程性活动	李森、高静①
就业质量监测	指对就业质量的几个关键性指标的状态信息进行连续的采集、保存、整理、分析、挖掘、推断和预判后，直观呈现就业质量状态，为政府、社会、学校和个人进行就业质量的价值判断和科学决策提供客观依据	王向东等②
教育质量监测	指为了掌握教育的发展情况，基于科学的方法持续地和系统地对学生所掌握的知识和习得的能力，以及对教育目标的实现程度进行监测，是一项综合的、长期的、系统化的工程	刘云华、段世飞③
广播质量监测	指在某一特定广播电台的服务区内或某一特定接收地点，对播出的无线电台发射频率信号的相关参数、发射特性以及发射机状况进行的监测	叶翠环④
空气质量监测	指对一个区域内的能够代表空气质量的污染物，如可吸入颗粒物、二氧化硫、二氧化氮进行布点监测，并将监测数据和环保部门颁布的空气质量污染物质量浓度分级表进行对比，以评价大气环境质量的过程	童英华等⑤

资料来源：笔者自制。

---

① 李森，高静. 在线教学的发展历程、内涵特征及质量监测［J］. 课程·教材·教法，2020（11）：50-58.

② 王向东，张应敏，孙铁燕. 高校毕业生就业质量监测及其提升策略研究：以浙江省十年实证调查为例［J］. 现代大学教育，2022（5）：100-111.

③ 刘云华，段世飞. 德国基础教育质量监测：结构、实施与功用［J］. 比较教育学报，2021（2）：62-76.

④ 叶翠环. 无线广播质量智能监测系统的设计与构建［J］. 广播电视信息，2022（6）：84-87.

⑤ 童英华，冯忠岭，张占莹. 基于 AHP 的雾霾影响因素评价分析［J］. 西南师范大学学报（自然科学版），2020（3）：87-94.

从表2.2可知，其他领域质量监测的概念界定有以下共性特点：一是围绕质量监测的主题、标准、内容（对象）、方式、过程（环节）、目的等要素进行界定，二是强调质量监测具有持续性、长期性、系统性和综合性，三是明确质量监测的目标。这些共性特点对基本公共服务质量监测的概念界定具有重要的启发意义。

综合前文对基本公共服务质量、监测、质量监测的概念分析，以及学术界对基本公共服务质量监测和其他领域质量监测概念的讨论，本书把基本公共服务质量监测界定为：政府或第三方机构运用一定的监测方法和技术手段，对特定区域范围内的基本公共服务固有特性满足相关规定要求和社会公众要求的程度持续不断地进行信息数据搜集、整理、分析和测评，以动态监控和提高基本公共服务质量水平的过程。

该定义具体包含如下内涵：第一，基本公共服务质量监测的实施主体既可能是直接提供基本公共服务的政府部门，也可能是受委托的第三方机构。第二，基本公共服务质量监测的对象与内容是特定区域范围内的基本公共服务固有特性满足相关规定要求和社会公众要求的程度，体现为基本公共服务的客观品质和主观公众满意度。第三，基本公共服务质量监测方式和手段具有多样性，从大的方面可以分为客观测评和主观测评两个维度[①]。第四，基本公共服务质量监测的目的是动态监控和提高基本公共服务质量水平，这主要是基于监测结果发现基本公共服务质量问题并采取解决措施来达成的。第五，基本公共服务质量监测从整体上体现为一个持续性、长期性、系统性和综合性的过程。

---

① 张启春，梅莹. 基本公共服务质量监测：理论逻辑、体系构建与实现机制 [J]. 江海学刊，2020（4）：242-247.

2.2 基本公共服务质量监测的相近概念辨析

基本公共服务质量测评、基本公共服务质量监控和基本公共服务质量管理这三个概念与基本公共服务质量监测相近，有必要对它们进行辨析，指出异同，以更好地认识基本公共服务质量监测的概念。

2.2.1 基本公共服务质量监测与基本公共服务质量测评

没有测评，就没有监测[①]。基本公共服务质量监测必须依托于基本公共服务质量测评（也称基本公共服务质量评估、评价、测度)[②]，或者说，基本公共服务质量监测是建立在基本公共服务质量测评的基础之上的。具体而言，基本公共服务质量测评通过提供信息数据和测评结果，为基本公共服务质量监测提供支撑依据。

基本公共服务质量监测与基本公共服务质量测评也有很大的区别。第一，基本公共服务质量监测侧重于时间维度，是跨时段进行的持续性和长期性活动；而基本公共服务质量测评侧重于空间维度，一般是在特定范围内进行的单次活动。第二，基本公共服务质量监测旨在实时动态地掌握基本公共服务质量的发展变化趋势，而基本公共服务质量测评旨在获得特定时间节点的基本公共服务质量情况。第三，基本公共服务质量监测的对象通常更为复杂，具有较强的系统性和综合性；而基本公共服务质量测评可以根据需要仅对特定范围或局部的对象、内容进行。第四，基本公共服务质量监测是在动态的发展变化中发现问题和提出解决问题的措施，而基本公共服务质量测评是在静态的特定时间节点发现问

---

① 高洁，方征. 评价、评估、考核、监测：教育评价若干同位概念辨析及启示 [J]. 教育发展研究，2022 (19)：75-84.

② 需要说明，由于测评与评价、评估、测度等概念不存在实质区别，因此本书把基本公共服务质量测评与基本公共服务质量评价、评估、测度等同使用。

题和提出解决问题的措施。

2.2.2 基本公共服务质量监测与基本公共服务质量监控

根据《辞海》的解释，"监控"是指监测和控制①。基本公共服务质量监控可以理解为，相关主体通过对基本公共服务固有特性满足相关规定要求和社会公众要求的程度进行监测，进而对基本公共服务质量的状态和水平进行控制的过程。

基本公共服务质量监测与基本公共服务质量监控的相同之处在于：第一，两者都强调实时和动态掌握基本公共服务质量状态和水平的信息数据，并基于特定的标准，如基本公共服务质量目标、基本公共服务质量的行业标准等，来判断基本公共服务质量状态和水平是否正常。第二，两者都具有鲜明的问题诊断与问题解决导向，即监测或监控本身只是一种手段，根本目的是通过监测或监控来发现基本公共服务中存在的问题，并针对问题提出解决措施，最终促进基本公共服务质量的达标或提升。

当然，基本公共服务质量监测与基本公共服务质量监控也有一定的不同。首先，基本公共服务质量监测在内涵和外延上要小于基本公共服务质量监控。基本公共服务质量监测仅具有监测单一层面的内涵和外延，而基本公共服务质量监控具有监测和控制两个层面的内涵和外延。其次，基本公共服务质量监测强调在一个时段内搜集信息数据，而基本公共服务质量监控强调全程收集信息数据。最后，基本公共服务质量监测必须且主要运用测评的手段和方式；基本公共服务质量监控则不一定运用测评，而是可能运用其他的手段和方式。

---

① 许陵，冉新义，陈梅芬.基于生物信号的远程学习过程监控系统研究［J］.现代远程教育研究，2014（5）：104-112.

2.2.3　基本公共服务质量监测与基本公共服务质量管理

"质量管理"是质量管理学科中的常见概念，迄今已在许多领域得到广泛运用。国际标准和国家标准对质量管理的界定为：质量管理是在质量方面指挥和控制组织的协调活动，包括制定质量方针和质量目标以及质量策划、质量控制、质量保证和质量改进，是一个连贯的过程[①]。以此为基础，有学者把基本公共服务质量管理的概念定义为"基本公共服务提供组织在基本公共服务质量方面开展的一系列以实现特定基本公共服务质量管理为目标的管理活动"[②]。

从过程看，基本公共服务质量监测属于基本公共服务质量管理的基本环节，二者在目标、主体、内容等方面具有一致性。首先，基本公共服务质量监测与基本公共服务质量管理的最终目标都是保障和提高基本公共服务质量水平。其次，基本公共服务质量监测与基本公共服务质量管理的实施主体都包括提供基本公共服务的政府公共部门。最后，基本公共服务质量监测与基本公共服务质量管理都以基本公共服务固有特性满足相关规定要求和社会公众要求的程度为内容或对象。

基本公共服务质量监测与基本公共服务质量管理也存在差异。比如，在实施主体上，基本公共服务质量监测可以由政府公共部门或第三方机构开展，而基本公共服务质量管理一般由政府公共部门主导。又如，在手段与方式上，基本公共服务质量监测主要是测评性的手段与方式，而基本公共服务质量管理则包括质量管理相关的一系列手段与方式，如标杆管理、市场竞争、全面质量管理、ISO9000 质量管理、流程再造等[③]。

---

① 王海英. 新中国 70 年我国学前教育管理变革的回顾与反思 [J]. 南京师大学报（社会科学版），2019 (4)：40-52.

② 陈朝兵. 基本公共服务质量管理体系的构建与关键环节研究 [M]. 北京：中国社会科学出版社，2020：57.

③ 陈文博. 公共服务质量评价与改进：研究综述 [J]. 中国行政管理，2012 (3)：39-43.

2.3 基本公共服务质量监测的特质属性、目标与内容

在前述概念与内涵阐释的基础上，对基本公共服务质量监测的特质属性、目标与内容进行专门分析，有助于深入把握基本公共服务质量监测的基础理论，为后文基本公共服务质量监测体系的构建打下基础。

2.3.1 基本公共服务质量监测的特质属性

特质属性也称特征，是指某一事物自身具有的区别于其他事物的特有性质①。从基本公共服务质量监测的概念与内涵出发，可以将基本公共服务质量监测的特质属性概括为如下几个方面：

第一，监测主体具有多元性。基本公共服务质量监测的主体可以是提供基本公共服务的政府公共部门，也可以是受基本公共服务提供主体委托的第三方机构，还可以是政府公共部门与第三方机构的联合。比如，作为我国首个公共服务质量监测报告，《华东地区城市公共服务质量2014年监测报告》② 由原国家质检总局、上海质量管理科学研究院、中国行政管理学会等多个主体共同发布。

第二，监测功能目的具有问题查改性。基本公共服务质量监测通过对基本公共服务质量的相关信息数据的搜集、整理、分析和测评，旨在查找和发现基本公共服务质量方面存在的问题，包括基本公共服务的客观品质和主观满意度问题，基本公共服务不同固有特性的质量问题，基本公共服务提供过程与结果的质量问题，以及不同领域、不同区域、不同群体与不同时期的基本公共服务质量问题等；并在此基础上，提出解

① 陈朝兵. 基本公共服务质量：概念界定、构成要素与特质属性 [J]. 首都经济贸易大学学报，2019（3）：65-71.

② 曾珂. 我国首个关于公共服务质量的监测报告发布 [EB/OL].（2015-07-17）[2024-05-03].http://www.rmzxb.com.cn/c/2015-07-17/535157.shtml.

决基本公共服务质量问题的方案，达到基本公共服务质量水平提升的目的。

第三，监测内容具有复合性。基本公共服务质量监测的内容是基本公共服务质量，即基本公共服务提供过程与结果中的固有特性满足相关规定要求和社会公众要求的程度。其中，对基本公共服务固有特性满足相关规定要求程度的监测，属于对基本公共服务客观品质的监测；对基本公共服务固有特性满足社会公众要求程度的监测，属于对基本公共服务主观满意度的监测；对基本公共服务提供过程中的固有特性满足相关要求程度的监测，属于对基本公共服务过程质量的监测；对基本公共服务提供结果中的固有特性满足相关要求程度的监测，属于对基本公共服务结果质量的监测。由此可知，基本公共服务质量监测内容具有复合性特征。

第四，监测手段方式具有多样性。对基本公共服务客观品质的监测和对基本公共服务主观满意度的监测，虽然都可通过确定监测标准和构建监测指标体系来实现[①]，但具体涉及多样化的监测手段与方式。其中，对基本公共服务客观品质的监测可以采用质量认证、基准比较技术、业务过程重塑、标杆管理、市场竞争、专家介入等方法；对基本公共服务主观满意度的监测，可以通过公众感知基本公共服务质量评价和公众满意度评价两类途径进行，具体可采用的方法包括服务质量评价（SERVQUAL）模型、顾客满意度指数（CSI）、重要性–满意度分析（ISA）模型等。

第五，监测过程具有持续性和长期性。基本公共服务质量监测的持续性体现为对基本公共服务质量相关信息数据的搜集、整理、分析和测评是一个持续不断的过程，即利用"多点连线式"的基本公共服务质量信息数据，实现对基本公共服务质量的问题查改和水平提升。基本公

---

① 张启春，梅莹. 基本公共服务质量监测：理论逻辑、体系构建与实现机制 [J]. 江海学刊，2020（4）：242-247.

共服务质量监测的长期性体现为基本公共服务质量监测是一个跨时段的长期过程。有关部门或机构只有通过长时间的连续多次的数据监测，才能掌握基本公共服务质量的变化情况和发展趋势，达成基本公共服务质量监测的目标。

第六，监测结果具有应用性和预测性。基本公共服务质量监测本身是一种手段。对基本公共服务质量监测的结果加以应用，是基本公共服务质量监测的内在要求。基本公共服务质量监测结果的应用包括：对基本公共服务质量问题进行查找识别、成因诊断和反馈解决，对基本公共服务质量表现优秀（或差）的组织与个人实施奖励（或问责）。与此同时，有关部门或机构根据基本公共服务质量监测结果的数据，不仅可以获得过去一定时段内基本公共服务质量的变化情况，而且可以对未来基本公共服务质量的发展趋势做出预测。

2.3.2 基本公共服务质量监测的目标

基本公共服务质量监测的目标，是指通过基本公共服务质量监测的一系列活动拟达到的目的或效果，回答的是"为什么要开展基本公共服务质量监测"的问题。根据前文对基本公共服务质量监测的概念、内涵与特质属性的分析，基本公共服务质量监测的目标可以概括为表层目标、中层目标和深层目标（如图2.2所示）。

2.3.2.1 表层目标

基本公共服务质量监测最直接的目标就是获取基本公共服务质量相关的信息数据。对于所获取的基本公共服务质量相关信息数据，从质量上讲，要求具备较强的科学性和准确性；从频次上讲，要求在一定时段内具有多次性和持续性；从内容上讲，要求在公共服务领域、主观质量和客观质量、过程质量与结果质量等方面具有全面性和系统性。

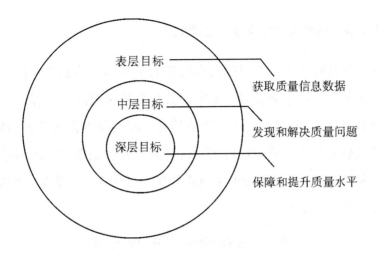

图 2.2　基本公共服务质量监测的目标层次

（资料来源：笔者自制）

2.3.2.2　中层目标

在表层目标的基础上，基本公共服务质量监测的中层目标是基于对基本公共服务质量相关信息数据的深入分析，诊断发现基本公共服务质量存在的问题及其成因，并有针对性地提出基本公共服务质量问题的解决措施。在这里，发现和解决的基本公共服务质量问题一般包括两个方面：一是体现为过程性的基本公共服务质量管理活动的问题，二是体现为结果性的基本公共服务质量水平的问题。

2.3.2.3　深层目标

从深层次讲，基本公共服务质量监测获取质量信息数据、发现和解决质量问题，最终是为了提升基本公共服务质量水平，确保基本公共服务质量满足相关规定和社会公众的要求。其中，质量"保障"强调尽可能避免或减少基本公共服务质量活动中的"质量损耗"，确保基本公共服务质量水平达到兜底线、基本线；质量"提升"强调通过采取一系列积极的、行之有效的举措，促进基本公共服务质量水平在原有基础上得到提高。

2.3.3 基本公共服务质量监测的内容

基本公共服务质量监测的内容回答的是基本公共服务质量"监测什么"的问题。从字面上看，基本公共服务质量监测的内容即"基本公共服务质量"。但需要进一步明确的是，哪些基本公共服务的质量？基本公共服务的哪些质量？这实际指向基本公共服务的空间和种类范围，以及基本公共服务质量的主观质量和客观质量、过程质量和结果质量（如表2.3所示）。

表2.3 基本公共服务质量监测的内容

维度	内容
空间范围	特定区域范围内的基本公共服务的质量
种类范围	特定种类范围内的基本公共服务的质量
"主观-客观"质量	基本公共服务的主观质量、客观质量
"过程-结果"质量	基本公共服务的过程质量、结果质量

资料来源：笔者自制。

其一，从空间范围看，基本公共服务质量监测的内容是特定区域范围内的基本公共服务的质量。基本公共服务质量监测的内容可以是全国范围内的基本公共服务的质量，也可以是地理区域或行政区域范围内的基本公共服务的质量。比如，2015年原国家质检总局组织上海质量管理科学研究院、中国行政管理学会等机构联合开展的公共服务质量专项监测，其监测内容是华东地区的公共服务的质量[1]。

其二，从种类范围看，基本公共服务质量监测的内容是特定种类范围内的基本公共服务的质量。根据《"十三五"推进基本公共服务均等化规划》，现阶段我国基本公共服务的种类范围包括基本公共教育、基

---

[1] 曾珂. 我国首个关于公共服务质量的监测报告发布[EB/OL].(2015-07-17)[2024-05-03].http://www.rmzxb.com.cn/c/2015-07-17/535157.shtml.

本劳动就业创业、基本社会保险、基本医疗卫生、基本社会服务、基本住房保障、基本公共文化体育、残疾人基本公共服务八个领域。基本公共服务质量监测的内容既可以全面覆盖八个领域的基本公共服务，也可以覆盖部分领域的基本公共服务。

其三，从"主观-客观"质量看，基本公共服务质量监测的内容是基本公共服务的主观质量和客观质量。其中，对基本公共服务主观质量的监测，实际是对基本公共服务的固有特性满足社会公众要求的程度（表现为公众满意度）进行监测。对基本公共服务客观质量的监测，实际是对基本公共服务的固有特性满足相关规定要求的程度（表现为品质水平）进行监测。比如，原国家质检总局发布的《2017 年全国公共服务质量监测情况》，其监测内容是基本公共服务的主观质量[①]。

其四，从"过程-结果"质量看，基本公共服务质量监测的内容是基本公共服务的过程质量和结果质量。其中，对基本公共服务过程质量的监测，实际是对基本公共服务提供过程中的固有特性满足相关要求的程度进行监测。对基本公共服务结果质量的监测，实际是对基本公共服务提供结果中的固有特性满足相关要求的程度进行监测。

2.4　基本公共服务质量监测的功能作用、基本原则与影响因素

基本公共服务质量监测有何功能作用？遵循何种基本原则？受哪些因素影响？这些问题既是进一步认识基本公共服务质量监测的关键性问题，也是构建基本公共服务质量监测理论体系需要回答的重要前置性问题。

---

① 徐建华. 满意度处于"比较满意"区间 [N]. 中国质量报，2017-12-15 (1).

2.4.1　基本公共服务质量监测的功能作用

从根本上讲，基本公共服务质量监测是作为一种手段而非目的存在着。关于基本公共服务质量监测手段的作用，有学者认为是"了解公众对公共服务质量的满意度水平，探知公众需求，明确政府在公共服务方面的不足，为公共服务质量的改进和提升指明努力的方向"[①]；也有学者认为是"有利于把握好群众急切关注的基本公共服务项目，有利于将公共资源精准投放至急需领域，有利于实现好基本公共服务领域的共治共享"[②]。本书赞同这些观点，并分别从基本公共服务质量、政府部门和社会公众的三个角度加以概括。

第一，从基本公共服务质量角度看，有关部门或机构通过基本公共服务质量监测能够掌握基本公共服务质量水平的最新情况与发展动态，查找并诊断基本公共服务质量存在的问题及其成因，最终提出解决基本公共服务质量问题的方案措施。基本公共服务质量监测定期持续搜集的一系列信息数据，反映了基本公共服务质量水平的总体状况。进一步地，有关部门或机构通过深度分析基本公共服务质量监测的信息数据，可以找出基本公共服务质量水平存在的问题及其原因，从而提出富有针对性和操作性的基本公共服务质量改进策略。

第二，从政府部门角度看，基本公共服务质量监测能够倒逼政府部门重视和加强基本公共服务质量管理工作，促进政府部门改进提升基本公共服务质量水平。基本公共服务质量监测结果呈现了不同地方政府、不同公共服务领域的基本公共服务质量水平状况，将在地方政府之间、政府职能部门之间产生横向竞争效应，倒逼基本公共服务质量水平较低的地方政府和政府职能部门重视基本公共服务质量管理工作，并采取措

① 陈莹，李士红. 关于构建公共服务质量监测模型的研究 [J]. 中国质量万里行，2019（4）：64-67.

② 张启春，梅莹. 基本公共服务质量监测：理论逻辑、体系构建与实现机制 [J]. 江海学刊，2020（4）：242-247.

施提升基本公共服务的质量水平。

第三，从社会公众角度看，基本公共服务质量监测能够获取社会公众的基本公共服务需求，反映公众对基本公共服务的满意度，促进基本公共服务供给更好地满足社会公众的期待。基本公共服务质量监测不仅可以反映社会公众对教育、就业、住房、医疗、社保等不同领域基本公共服务的需求和满意度情况，而且能够以数字量化的方式精确呈现公众需求满足程度和满意度情况。进一步来说，基本公共服务质量监测的公众服务需求满足程度和满意度情况为基本公共服务供给指明了方向，从而提高基本公共服务满足公众需求的效率和精准度。

2.4.2 基本公共服务质量监测的基本原则

根据《服务质量监测技术指南》，服务质量监测原则包括目的性、可操作性、全面性、有效性和公开性[①]。《国家义务教育质量监测方案（2021年修订版）》指出义务教育质量监测的基本原则包括坚持立德树人、服务质量提升、注重方法创新和强化结果运用。有学者认为，基本公共服务质量监测包括人本原则、依法监测、优先监测、协作监测和系统监测五大原则。参考上述观点，结合前文分析的基本公共服务质量监测的内涵与特征，本书认为基本公共服务质量监测需要遵循如下六个基本原则：

一是以人为本。公众满意度是衡量基本公共服务质量的根本标准，这就要求基本公共服务质量监测在价值取向上必须遵循以人为本的基本原则。要把以人民为中心作为基本公共服务质量监测的指导思想，把民众的需求获取、民众的需求满足程度、民众关切的痛点难点问题等作为基本公共服务质量监测的重点内容。要避免"见物不见人"的监测指标设计，防止以基本公共服务的客观品质监测代替民众的主观满意度监

[①] 徐建华.《服务质量监测技术指南》发布 [N]. 中国质量报，2020-01-20 (1).

测。要积极和广泛吸纳民众参与监测过程，把民众作为参与基本公共服务质量监测不可或缺的主体。要让监测结果运用于解决困扰民生的问题，切实推动基本公共服务质量水平提升。

二是科学合理。基本公共服务质量监测的有效性在根本上取决于监测方法和技术手段的科学合理性。要设计一套具有科学性和合理性的基本公共服务质量监测指标体系，如在监测模型上选择能够解决指标权重分配科学问题的结构方程模型[①]。要保障基本公共服务监测过程中所使用的问卷调研法在抽样方法、抽样对象、样本总量、样本分布等方面的科学性。要多途径、持续长期搜集数据资料，注重发挥专业机构、专家学者、新闻媒体、普通民众等多元主体的作用。要将大数据技术应用于基本公共服务监测过程，释放信息技术对基本公共服务的赋能效应，加强对基本公共服务质量监测结果的关联分析。

三是系统谋划。基本公共服务质量监测的实施是一项包含诸多环节和要素的复杂工程，必须坚持系统谋划的基本原则。一方面，要对基本公共服务质量监测的实施环节进行整体谋划，既做好设计监测方案、开展信息数据搜集与分析、发布监测报告、总结监测工作等各个环节工作，又要注意各个环节之间的关联和影响。另一方面，要统筹兼顾基本公共服务质量监测实施的若干要素，要把基本公共服务质量监测的政策法规保障、组织机构保障和人财物资源保障放到重要位置。

四是民主参与。广泛吸纳社会民众参与基本公共服务质量监测过程，是基本公共服务质量监测坚持以人民为中心的必然要求。要加大基本公共服务质量监测过程和结果的信息公开力度，保障社会民众对基本公共质量监测活动的知情权。要开放多元化参与途径，畅通参与渠道，切实增强社会民众参与基本公共服务质量监测的可及性。要鼓励社会民众参与，及时回应社会民众在基本公共服务质量监测中的意见表达、政

① 李高帅. 我国公共服务质量监测提升路径［EB/OL］.（2021-12-12）［2024-05-03］.http://www.rmlt.com.cn/2021/1217/635068.shtml.

策咨询和监督批评。

五是应用改进。应用监测结果提升基本公共服务质量水平，是发挥基本公共服务质量监测工具价值的内在要求。要坚持结果应用和问题导向，设计开发基本公共服务质量监测结果应用系统，推动形成基本公共服务质量监测结果应用共同体①。要建立基本公共服务质量监测的"问题诊断—问题反馈—问题预警—问题改进"机制，有效发挥监测的诊断、改进和引导作用。要建立基于监测结果的问题解决监督和跟踪机制，确保通过基本公共服务质量监测发现的问题得到真正解决。

六是持续定期。基本公共服务质量监测对信息数据提出了跨时段和连续性的要求，以此才能实现对基本公共服务质量水平的动态监控和变化预测。一方面，要持续开展基本公共服务质量监测，保持监测主体、监测内容、监测范围、监测指标、监测方式等的连续稳定。另一方面，要定期开展基本公共服务质量监测，既为基本公共服务质量监测提供充足的信息数据，又能促进社会公众建立合理稳定的心理预期。

2.4.3 基本公共服务质量监测的影响因素

基本公共服务质量监测活动的发生和运行受到一系列复杂因素的影响。目前，尚未有集中探讨基本公共服务质量监测影响因素的研究成果，仅有少量文献零星分析了基本公共服务质量监测的影响因素。从系统论的角度出发，同时参考相关文献对影响因素的分析思路②，本书把基本公共服务质量监测的影响因素分为自身监测体系、内部监测环境、外部监测环境三大类别（如表2.4所示）。

---

① 张海洋，陈静勉，成伟丽."1+N+1"区域教育质量监测评价体系的构建与实践［J］.教育测量与评价，2022（5）：42-49.
② 高丽虹，陈宏光.人口与计划生育行政执法监督影响因素及对策［J］.宁夏社会科学，2012（4）：22-26.

表 2.4　基本公共服务质量监测的影响因素

类别	具体影响因素	影响效应
自身监测体系	监测主体、监测目标与内容、监测方式、监测手段、监测指标与标准、监测流程、监测结果运用、监测绩效评价等	直接性影响
内部监测环境	领导重视程度、制度规范、技术平台、资源保障等	基础性影响
外部监测环境	社会公众观念、社会公众需求、新闻媒体监督等	助推性影响

资料来源：笔者自行整理。

其一，自身监测体系是基本公共服务质量监测的直接性影响因素。基本公共服务质量监测活动首先依赖于监测体系的构建，这是因为监测体系直接决定了"谁来监测""监测什么""为何监测""如何监测""监测效果如何"。监测体系由诸多要素构成，具体包括监测主体、监测目标与内容、监测方式、监测手段、监测指标与标准、监测流程、监测结果运用、监测绩效评价等[①]，其中每一个要素都对基本公共服务质量监测活动产生直接影响。比如，监测目标直接影响基本公共服务质量监测活动的运行方向和结果评价，监测指标与标准直接影响基本公共服务质量监测活动的科学性与合理性，监测方式和手段直接影响基本公共服务质量监测活动的可行性和有效性，监测结果运用直接影响基本公共服务质量监测的目标实现程度。

其二，内部监测环境是基本公共服务质量监测的基础性影响因素。基本公共服务质量监测的内部监测环境是指由领导重视程度、制度规范、技术平台、资源保障等内部因素构成的总体。内部监测环境中的各个因素对基本公共服务质量监测的影响是基础性的。首先，领导重视程度对公共部门组织实施或委托外包的基本公共服务质量监测产生深刻影

---

① 王彬彬，邓婕，张毅瑜. 政务服务质量监测体系研究 [J]. 中国标准化，2022（3）：102-108.

响。基本公共服务质量监测活动的策划和实施与领导重视程度有着密不可分的关系。其次，制度规范包括法律法规、公共政策、管理文件、技术标准等多个层面，它们为基本公共服务质量监测的实施提供基本依据和指引。再次，技术平台为基本公共服务质量监测提供硬件支持，如数据集成平台、人工智能与大数据技术等对保证监测工作科学高效开展有着重要影响[1]。最后，资源保障是开展基本公共服务质量监测的前提。只有具备必要的专业人员、财政经费、组织机构等，才能保障基本公共服务质量监测的顺利实施。

其三，外部监测环境是基本公共服务质量监测的助推性影响因素。基本公共服务质量监测的外部监测环境是指由社会公众观念、社会公众需求、新闻媒体监督等外部因素构成的总体。外部监测环境中的各个因素对基本公共服务质量监测产生助推性的影响。首先，当经济社会发展到一定阶段和水平，社会公众会要求公共部门组织开展基本公共服务质量监测，保障基本公共服务供给的质量水平。其次，社会公众对基本公共服务质量监测的多元需求，如定期开展基本公共服务质量监测、知晓基本公共服务质量监测信息、参与基本公共服务质量监测活动、监督基本公共服务质量监测过程等，是推动基本公共服务质量监测开展的外在动力。最后，新闻媒体对基本公共服务质量监测活动的跟踪报道和宣传，构成了基本公共服务质量监测的外部监督力量，对促进公共部门定期、持续开展基本公共服务质量监测起到重要作用。

---

① 王锋，王翔宇，秦文臻. 大数据驱动的高等教育质量监测评估关键技术研究 [J]. 黑龙江高教研究，2017（6）：80-83.

3 基本公共服务质量监测体系构建的依据、过程与结果

　　基本公共服务质量监测体系是运用相关理论工具，按照特定的逻辑思路进行整体建构的结果。依据不同的理论工具与逻辑思路，我们能够构建出不同的基本公共服务质量监测体系框架。本章在前述基本公共服务质量监测基础理论的基础上，首先对基本公共服务质量监测体系的概念、特征、构成要素、实践缘由、目标与机理等进行解析，进而寻找基本公共服务质量监测体系构建的理论依据，然后以"输入—转化—输出"的"过程"分析框架作为主导性依据构建出"过程型"基本公共服务质量监测体系框架，最后对"过程型"基本公共服务质量监测体系框架的内容构成、主要特色与应用价值进行阐述。

3.1　基本公共服务质量监测体系的概念、特征与构成要素

3.1.1　基本公共服务质量监测体系的概念与特征

　　体系、监测体系、质量监测体系三个子概念是界定基本公共服务质量监测体系概念的基础。关于体系的概念，比较具有代表性的观点有两种：一种是《辞海》（第六版）的定义——"若干有关事物互相联系、

互相制约而构成的一个整体"①，另一种是 ISO9000：2000 标准的定义——"相互关联或相互作用的一组要素"②。可以看出，"体系"与"整体""系统"等概念十分相近，其核心内涵有两点：一是体系由若干要素构成，二是体系的构成要素之间具有相互关联性。

现有研究没有专门对监测体系和质量监测体系的概念进行界定。笔者通过梳理和分析"农业监测体系""地方（三级）森林资源监测体系""价格监测体系""高等文科教育内部质量监测体系""教师教育质量监测体系""农业质量监测体系"等特定语境中监测体系和质量监测体系相关概念的定义（见表 3.1），发现主要围绕监测目标、监测对象和内容、监测手段和工具、监测环节等要素进行界定。

表 3.1 特定语境中监测体系和质量监测体系的相关概念界定

概念	定义
农业监测体系	是指"为提高农副产品、农用生产资料和农业生态环境的质量，由各类具备农业专业技术和监测能力的检验、测试机构组成的监测网络"③
地方（三级）森林资源监测体系	是指"在省以下的地（管局）、县（局）、站（场）建立的监测体系，这个体系对一定时间和空间内的森林资源状态进行测量、记载、分析、评价"④
价格监测体系	是指"政府价格主管部门通过制定一系列的价格监测制度及工作机制，将有关价格监测的工作内容、方式、方法、组织机构、人员联系起来，通过信息化技术和平台组成具有特定功能的高效有序的有机整体"⑤

① 夏征农，陈至立. 辞海 [M]. 6 版. 上海：上海辞书出版社，2009：2237.
② 陈朝兵，代佳欣. 从工商领域到公共领域：质量管理体系的"跨域"构建 [J]. 企业经济，2017（6）：138-144.
③ 国家技术监督局，农业部. 关于加强农业标准和农业监测工作，促进高产、优质、高效农业发展的意见 [EB/OL]. （2004-05-24）[2024-05-10]. https://www.cqn.com.cn/zj/content/2004-05/24/content_554132. htm.
④ 佚名. 地方（三级）森林资源监测体系的研究工作报告 [J]. 林业资源管理，1994（5）：3-9.
⑤ 尹云. 县级政府价格监测体系存在的问题与对策研究 [D]. 苏州：苏州大学，2022.

表3.1(续)

概念	定义
高等文科教育内部质量监测体系	是指"由两个以上有机联系和相互作用的子系统组成的,通过'大数据'技术对高等学校内部本科层次文科专业教育的各种活动、措施、环境、资源等质量要素及其过程状态信息的持续收集、动态跟踪、客观描述与及时反馈,对教育活动是否在按照预定计划执行、向预定目标靠近等做出监控、预警和修正,以保证高等文科教育质量的最终目的的监测系统"[①]
教师教育质量监测体系	是指"指导理念、组织机构与运行机制、监测内容、方法与工具、结果反馈与运用等部分构成的有机整体"[②]
农业质量监测体系	是指"为完成农产品质量各个方面、各个环节的监督检验所需要的政策、法规、管理、机构、人员、技术、设施等要素的综合"[③]

资料来源:笔者自行整理。

基于以上分析,本书把基本公共服务质量监测体系界定为:政府或第三方机构为保障和提高基本公共服务质量,对特定区域范围内的基本公共服务开展质量监测所涉及的一系列相关过程、活动、资源和制度的总和。与其他任一体系相同,基本公共服务质量监测体系在总体上表现为一个整体或系统,具体由基本公共服务质量监测的若干要素构成,且这些要素之间处于一种紧密的、相互联系和相互作用的状态。

基本公共服务质量监测体系具有如下特征:一是整体性。基本公共服务质量监测体系是由基本公共服务质量监测的一系列相关过程、活动、资源、制度等要素按照一定的结构、关系、秩序、规则等构成的整体。二是系统性。基本公共服务质量监测体系的内在构成要素不是零散、碎片化的,而是一种高度结构化、秩序化的存在。三是目标性。基本公共服务质量监测体系具有明确的目标导向,即通过基本公共服务质量监测的手段来达成保障和提高基本公共服务质量水平的目标。四是层

---

① 周静. 高等文科教育内部质量监测体系构建研究 [D]. 沈阳:沈阳师范大学, 2023.

② 王超. 加拿大安大略省职前教师教育质量监测体系研究 [D]. 金华:浙江师范大学, 2020.

③ 陈传新. 泰安市农业标准化体系建设调查与分析 [D]. 北京:中国农业大学, 2005.

级性。基本公共服务质量监测体系包含若干个次级子体系，其中每一个要素均可视作一个次级子体系，如基本公共服务质量监测的主体体系、目标体系、工具体系、制度体系等。五是环境适应性。基本公共服务质量监测体系是特定环境下的产物，能够适应政府部门、社会公众等主体对基本公共服务质量监测的需求或要求。六是开放性。基本公共服务质量监测体系不是封闭式运行，而是以开放的状态不断对外围环境的发展变化以及相关主体的要求做出回应。

3.1.2 基本公共服务质量监测体系的构成要素及其相互关系

体系的构成要素可按照5W1H分析法进行分析[①]。沿此思路，我们可以把基本公共服务质量监测体系的构成要素拆解为基本公共服务质量监测的主体、目标、内容、手段、环节、环境、绩效等，其分别对应了基本公共服务质量监测的一个特定问题（如图3.1所示）。

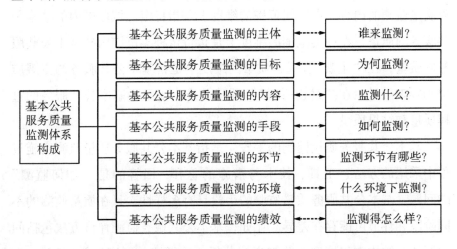

图3.1 基本公共服务质量监测体系的构成要素及其对应问题

（资料来源：笔者自制）

---

① 陈朝兵，代佳欣. 从工商领域到公共领域：质量管理体系的"跨域"构建 [J]. 企业经济，2017（6）：138-144.

基本公共服务质量监测的主体，是指负责开展和实施基本公共服务质量监测的组织机构及工作人员，回答的是"谁来监测"的问题。基本公共服务质量监测的主体可以是各级政府及其职能部门，也可以是受政府部门委托或自我独立开展监测活动的第三方机构，如市场企业、行业性组织、科研机构、调查机构、咨询机构等[1]。

基本公共服务质量监测的目标，是指通过基本公共服务质量监测的一系列活动拟达到的目的或效果，回答的是"为何监测"的问题。如前分析，基本公共服务质量监测的目标包括表层目标、中层目标和深层目标。其中，表层目标是获取基本公共服务质量信息数据，中层目标是发现和解决基本公共服务质量问题，深层目标是提升基本公共服务质量水平。

基本公共服务质量监测的内容，是指基本公共服务质量监测的客体对象及范围，回答的是"监测什么"的问题。如前分析，基本公共服务质量监测的内容，在空间范围的维度上是指特定区域范围内的基本公共服务的质量，在种类范围的维度上是指特定种类范围内的基本公共服务的质量，在"主观-客观"质量的维度上是指基本公共服务的主观质量和客观质量，在"过程-结果"质量的维度上是指基本公共服务的过程质量和结果质量。

基本公共服务质量监测的手段，是指基本公共服务质量监测实施过程中采用的方法、工具、技术与措施的总和，回答的是"如何监测"的问题。基本公共服务质量监测的手段具有多样性，且在质量监测的不同阶段和环节可能存在差异。比如，基本公共服务监测评价方法包括问卷调研、结构方程模型、关键指标分析、质量清单制度等[2]。又如，在基本公共服务质量的测评环节，我们既可以运用 SERVQUAL 模型来分

① 李高帅. 我国公共服务质量监测提升路径[EB/OL]. (2021–12–12) [2024–05–03]. http://www.rmlt.com.cn/2021/1217/635068.shtml.

② 李高帅. 我国公共服务质量监测提升路径[EB/OL]. (2021–12–12) [2024–05–03]. http://www.rmlt.com.cn/2021/1217/635068.shtml.

析基本公共服务质量的差距及原因，也可以运用公众满意度模型来分析基本公共服务质量的公众满意度水平①。

基本公共服务质量监测的环节，是指基本公共服务质量监测实施的程序与步骤，回答的是"监测环节有哪些"的问题。参考相关领域质量监测环节的划分②，基本公共服务质量监测可以分为四个环节：设计基本公共服务质量监测方案（包含确定监测目标）、开展基本公共服务质量监测活动（包含搜集、处理和分析数据）、发布基本公共服务质量监测报告（包含应用监测结果）、总结基本公共服务质量监测工作等（包含监测工作反思与改进）。

基本公共服务质量监测的环境，是指实施基本公共服务质量监测所处的内部和外部条件的总和，回答的是"什么环境下监测"的问题。其中，内部环境包括基本公共服务质量监测的组织、职责、权限、制度、技术、流程、文化等条件，外部环境包括基本公共服务质量监测在特定时空背景下的经济社会发展、政治体制、社会公众需求、社会文化观念等条件。

基本公共服务质量监测的绩效，是指基本公共服务质量监测活动产生的实际效果，回答的是"监测得怎么样"的问题。衡量基本公共服务质量监测的绩效，关键是看基本公共服务质量监测目标的达成程度，这既与基本公共服务质量监测采取的手段和方式有关，又与整个基本公共服务质量监测活动的组织与实施有关。按照绩效管理的一般理论，基本公共服务质量监测绩效的评估可以采用平衡计分卡（BSC）、关键绩效指标（KPI）、360度考核等方法③。

① 陈振明，李德国. 公共服务质量持续改进的亚洲实践 [J]. 东南学术，2012（1）：102-112.

② 毕振力. 新时代省域义务教育质量监测改进策略研究 [J]. 广东第二师范学院学报，2021（5）：13-24.

③ 高姝，郝艳华，吴群红，等. 组织绩效评估方法的国内外研究进展 [J]. 中国卫生事业管理，2008（12）：802-805.

以上基本公共服务质量监测体系的七个基本要素之间是互相联系、互相制约的关系。一方面，每一个要素都是联结其他要素的节点，可能影响其他要素，也可能受其他要素的影响。比如，基本公共服务质量监测目标受到基本公共服务质量监测环境的影响，也影响基本公共服务质量监测的主体、内容、手段、环节和绩效。另一方面，要素与要素之间的紧密关系使基本公共服务质量监测从整体上形成了一个复杂的网络结构，从而不仅维持着基本公共服务质量监测的动态运行，也推动着基本公共服务质量监测目标的实现①。

3.2 基本公共服务质量监测体系构建的实践缘由、目标与机理

3.2.1 基本公共服务质量监测体系构建的实践缘由

构建基本公共服务质量监测体系作为一个理论命题，其背后有着特定的实践缘由。这既源于国家基本公共服务政策顶层设计对高质量发展的要求，也源于政府部门在开展基本公共服务质量工作中所面临问题的倒逼效应，同时还与基本公共服务质量监测本身的专业性和复杂性紧密相关。

第一，党和国家全面开启基本公共服务高质量发展新征程。在我国基本公共服务发展经历了体系构建与完善、均等化等的基础上，2021年国家发展和改革委员会等部门颁布的《"十四五"公共服务规划》，明确把"高质量"确立为公共服务的发展目标，并为推动公共服务高质量发展指明了方向。基本公共服务高质量发展受到诸多因素的影响，

---

① 史云贵，刘晓燕. 县级政府绿色治理体系的构建及其运行论析［J］. 社会科学研究，2018（1）：81-88.

但在根本上取决于政府公共部门构建了一套科学有效的基本公共服务质量管理体系，而基本公共服务质量监测体系成为基本公共服务质量管理体系的关键部分。从表3.2可以看出，国家政策不断强调质量监测在保障和提升基本公共服务质量方面的作用。要贯彻落实公共服务质量监测的国家政策要求，迫切需要从理论层面构建基本公共服务质量监测体系。

表3.2　关于基本公共服务质量监测的国家政策表述

序号	文件名称	政策原文
1	《"十三五"推进基本公共服务均等化规划》	建立健全基本公共服务综合评估指标体系，推进基本公共服务基础信息库建设，开展年度统计监测
2	《中共中央 国务院关于开展质量提升行动的指导意见》	开展公共服务质量监测和结果通报，引导提升公共服务质量水平
3	《国务院关于加强质量认证体系建设促进全面质量管理的意见》	完善公共服务体系，加强全面质量监管
4	《"十四五"公共服务规划》	健全统计调查体系，定期分领域开展公共服务发展情况监测评估
5	《贯彻实施质量发展纲要2016年行动计划》	开展售后服务质量对比提升活动，发布京津冀地区城市公共服务质量监测报告
6	《市场监管总局关于贯彻落实<优化营商环境条例>的意见》	加快探索服务质量抽查评价制度，完善公共服务质量监测机制，对公用企事业单位服务质量承诺执行情况实施监督

资料来源：笔者自行整理。

第二，政府部门基本公共服务质量监测实践面临困境。我国政府部门基本公共服务质量监测实践目前处于起步探索阶段，国家市场监督管理总局（原国家质检总局），以及各地方政府陆续开展了基本公共服务质量监测工作。总体来看，我国基本公共服务质量监测实践面临一些困境：①监测主体比较单一，以政府部门为主，市场和社会第三方机构参与有限；②监测周期频次短，部分地区监测存在间断；③计算方法不够科学合理，忽视了不同公共服务领域的公众心理感知差异；④监测结果运用效果不佳甚至不合理，尚未形成改进工作闭环①。出现以上困境的一个重要原因是，基本公共服务质量监测的理论知识供给不足，特别是基本公共服务质量监测的理论框架体系尚不清晰和明确②。从这个意义上讲，需要加快基本公共服务质量监测的理论研究进程，聚焦基本公共服务质量监测体系构建的关键议题，为基本公共服务质量监测实践提供理论指导和行动指南。

第三，基本公共服务质量监测工作的高度综合性、专业性和复杂性。从综合性角度看，基本公共服务质量监测涉及对不同地理和行政区域、不同服务领域和内容、不同监测要素等的综合；从专业性角度看，基本公共服务质量监测涉及的特定技术手段、特殊领域、操作标准和规范等，对监测工作人员提出了较高的专业性要求；从复杂性角度看，基本公共服务质量监测涉及对监测需求回应、监测目标制定、监测技术手段选择、监测过程控制、监测结果运用等复杂活动，相关人财物资源、政策法规制度、责任权力利益、价值观念文化等复杂要素，以及监测主体与客体、监测目标与手段、监测结构与功能、监测需求与供给、监测运行与结果、监测投入与产出、监测效率与质量等复杂关系③。因此，开展基本公共服务质量监测工作要求有关人员具有系统思维和系统观念，且离不开一套基本公共服务质量监测理论框架体系的宏观指引和整体关照。

3.2.2 基本公共服务质量监测体系构建的目标与机理

体系的呈现方式，一般是按照一定的逻辑将体系的若干要素进行有

---

① 李高帅. 我国公共服务质量监测提升路径[EB/OL]. (2021-12-12) [2024-05-03]. http://www.rmlt.com.cn/2021/1217/635068.shtml.

② 张启春，梅莹. 基本公共服务质量监测：理论逻辑、体系构建与实现机制 [J]. 江海学刊，2020 (4)：242-247.

③ 程晓明，翁斯柳，梁静，等. 服务业质量监测理论及实践的综述和思考 [J]. 质量技术监督研究，2020 (1)：8-14.

序性串联和结构化排列的理论框架。并且，串联和排列体系要素的逻辑多种多样，而按照不同的逻辑进行串联和排列，则同一体系可以有不同的呈现方式，即形成不同的理论框架①。

笔者遵循以上基本思路，认为基本公共服务质量监测体系构建，就是按照一定的逻辑，对基本公共服务质量监测体系的构成要素进行有序性串联和结构化排列，从而形成特定基本公共服务质量监测体系理论框架的过程。因此，基本公共服务质量监测体系构建的目标，就是构建一个科学合理的基本公共服务质量监测体系理论框架。通过该理论框架，我们可以进一步达到如下目标：一是在理论认知层面，实现对基本公共服务质量监测体系"化繁为简"式的理解和把握；二是在实践指导层面，为实务部门开展基本公共服务质量监测工作提供指导和帮助。

那么，如何构建基本公共服务质量监测体系的理论框架？主要涉及三个条件：一是构建逻辑的确定，二是体系要素范围的确定，三是将体系要素按照逻辑进行串联和排列。这三个关键条件实际构成了基本公共服务质量监测体系构建的机理。

首先，构建逻辑的确定是基本公共服务质量监测体系理论框架构建的关键条件。构建逻辑是支撑基本公共服务质量监测体系理论框架的依据，也是实现基本公共服务质量监测体系要素有序性串联和结构化排列的"线索"。同其他任一体系的理论框架一样，基本公共服务质量监测体系理论框架的构建必须有特定的逻辑支撑。缺乏有效的构建逻辑，则基本公共服务质量监测体系的要素只能是无序化、零散化的排列，从而无法形成结构化的基本公共服务质量监测体系理论框架。

其次，体系要素范围的确定是基本公共服务质量监测体系理论框架构建的必要条件。基本公共服务质量监测体系的要素众多，不可能也没有必要将基本公共服务质量监测体系的全部要素纳入理论框架，而只能

---

① 陈朝兵，吴钟灿，张田. "输入—转化—输出"框架下政府数据开放体系构建 [J]. 情报杂志，2021（7）：134-140.

有选择地将基本公共服务质量监测体系的部分要素纳入进来。体系构建逻辑影响甚至决定着体系要素范围的确定①。因此，只有在确定基本公共服务质量监测体系构建逻辑的基础上，才能确定基本公共服务质量监测体系要素的范围。

最后，将特定范围内的基本公共服务质量监测体系要素，按照确定的构建逻辑进行有序性串联和结构化排列，形成基本公共服务质量监测体系的理论框架。基本公共服务质量监测体系构建逻辑为基本公共服务质量监测体系要素提供了"线索"，而基本公共服务质量监测体系要素为基本公共服务质量监测体系构建逻辑提供了"材料"。我们将二者进行结合则可以构建出基本公共服务质量监测体系的理论框架，由此完成了基本公共服务质量监测体系的构建目标。

3.3 基本公共服务质量监测体系构建的理论依据

体系构建的逻辑存在于相关的理论知识之中②。要理清基本公共服务质量监测体系构建的逻辑，需要回归到公共服务、质量监测、体系等相关领域的理论知识源流中，从中发掘和选取适用于基本公共服务质量监测体系构建的理论逻辑。

首先，基本公共服务质量监测体系的构建建立在公共服务和质量监测相关理论知识的基础上，因而本书将公共服务与质量监测相关理论作为基本公共服务质量监测体系构建的基础性理论依据。其次，受启发于国际标准化组织在 ISO9000 族标准中提出的"以过程为基础的质量管理

---

① 陈朝兵，代佳欣. 从工商领域到公共领域：质量管理体系的"跨域"构建 [J]. 企业经济，2017（6）：138-144.
② 陈朝兵. 基本公共服务质量管理体系的构建与关键环节研究 [M]. 北京：中国社会科学出版社，2020：113-118.

体系模式"①，本书将以"过程"分析框架作为基本公共服务质量监测体系构建的主导性理论依据。最后，从"体系"的角度出发，本书将系统论和协同论作为基本公共服务质量监测体系构建的考量性理论依据。

3.3.1 基础性理论依据——公共服务与质量监测相关理论

3.3.1.1 公共服务相关理论

公共服务的主体结构、运行过程、要求与标准等与基本公共服务质量监测体系构建有着密切关系，有必要基于国内外研究文献进行梳理。

世界银行在 2004 年发布的世界发展报告《让服务惠及穷人》中，提出了公共服务供给的运行框架（如图 3.2 所示）②。根据这一框架，公共服务的需求主体为公民（客户），供给主体为国家（包括政治家和政策制定者）和服务提供者（包括服务机构和一线人员）。公共服务的需求主体与供给主体之间的关系为：作为公共服务需求主体的公民（客户）向作为公共服务供给主体的国家和服务提供者表达公共服务需求，而作为公共服务供给主体的国家和服务提供者则向作为公共服务需求主体的公民（客户）间接和直接地提供公共服务。

进一步讲，公共服务供给的运行包括三个环节。一是公共服务需求表达与政策制定环节。一方面，公民（客户）行使表达权，向国家表达公共服务需求。另一方面，政治家和政策制定者根据公民（客户）的公共服务需求做出决策，并形成公共服务政策。二是公共服务政策下达和任务发包环节。国家和服务提供者之间存在委托-代理的契约关系。国家将公共服务的政策目标逐层分解，向地方各级政府发包公共服务供给任务。三是公共服务的提供和反馈环节。作为公共服务的主要提

---

① 张勇，柴邦衡. ISO9000 质量管理体系［M］. 北京：机械工业出版社，2017：98-102.
② 世界银行. 让服务惠及穷人［M］. 本报告翻译组，译. 北京：中国财政经济出版社，2004：49.

供者，各级政府机构及其工作人员贯彻执行公共服务政策，将公共服务直接提供给公民（客户）。公民（客户）在接受公共服务的同时，也向各级政府机构及其工作人员反馈相关意见和建议①。

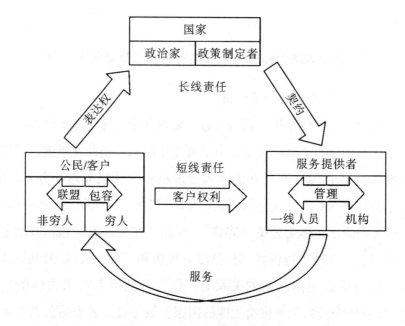

图 3.2　公共服务供给的运行框架

（资料来源：世界银行. 让服务惠及穷人 ［M］. 本报告翻译组，译.

北京：中国财政经济出版社，2004：49.）

公共服务的要求具有多维性。从公共服务提供者的角度看，公共服务的要求包括三个。一是价值取向要求。公共服务供给需要遵循人民至上的民本价值取向，在保障效率价值的同时，特别重视公平正义、民主参与、公共责任、阳光透明、清正廉洁、公众满意等价值的实现②。二是公共政策要求。从中央到地方各级政府，制定了一系列公共服务政策，从发展目标、范围与标准、重点任务、责任主体、绩效考评等提出

---

① 郁建兴，吴玉霞. 公共服务供给机制创新：一个新的分析框架 ［J］. 学术月刊，2009（12）：12-18.

② 姜晓萍，郭金云. 基于价值取向的公共服务绩效评价体系研究 ［J］. 行政论坛，2013（6）：8-13.

了公共服务的供给要求①。三是基本原则要求。公共服务供给需要满足特定的基本原则要求。经济社会发展时期不同，公共服务供给的原则要求有所差异。根据《"十四五"公共服务规划》，"十四五"时期我国公共服务供给需要遵循的原则包括界定科学、权责清晰，尽力而为、量力而行，政府主导、分类施策，多元参与、共建共享。四是实践运行要求。公共服务供给主体要结合地方自然地理和经济社会、服务行业、服务群体等情况，因地、因时、因人综合考量，使提供的公共服务最大程度地满足社会公众的需要②。

公共服务标准是指"在一定时期内为实现既定目标而对公共服务活动所制定的技术和管理等规范"③。明确公共服务标准，有利于指导和约束政府部门的行为，保障和实现社会公众的公共服务权利。公共服务标准的制定需要遵循系统原则、法治原则、适应原则和可及原则，同时考虑经济和社会发展水平、公众需求程度以及特殊供给需求等多种因素④。在《国家基本公共服务体系"十二五"规划》中，公共服务的标准分为国家标准和地方标准，主要围绕服务项目、服务对象、保障标准、支出责任和覆盖水平五个方面进行设定。

3.3.1.2 质量监测相关理论

质量监测是工业生产、医疗卫生、教育服务等领域的专业术语，因而质量监测的相关理论需要从这些领域的质量监测研究文献中加以梳理和提取。

按照质量监测主体的不同，我们可以划分出不同的质量监测模式。

---

① 姜晓萍，陈朝兵.我国基本公共服务体系的共同趋势与地区差异：基于国家和地方基本公共服务"十二五"规划的比较[J].上海行政学院学报，2013（6）：4-16.

② 何水.中国公共服务改革：实践透视与路径探寻[J].郑州大学学报（哲学社会科学版），2013（6）：5-9.

③ 吕勇，黄晓莉，吴序一，等.基本公共服务标准化过程中的动态调整机制研究[J].中国标准化，2023（9）：48-53.

④ 许淑萍.论现阶段中国政府公共服务的供给标准建设[J].学习与探索，2010（1）：68-70.

以基础教育的质量监测模式为例，世界各国基础教育的质量监测模式主要有三种：一是教育行政部门负责的质量监测，二是独立于教育行政部门的第三方机构负责的质量监测，三是政府委托大学、研究机构等第三方机构来组织实施的质量监测①。公共服务质量监测的模式也可划分为政府部门监测、第三方机构监测、政府委托第三方机构监测三种②。

一般而言，质量监测的程序包括：一是制订质量监测计划，明确质量监测的目标、范围与时间；二是收集样本数据，针对质量监测对象收集需要的样本数据；三是制定质量监测标准，确保质量监测的客观性和准确性；四是实施质量评估，根据质量监测标准对样本数据进行评估并判断质量水平；五是发现问题和反馈修改，根据质量监测结果诊断存在问题，分析原因并提出解决问题的方案③。根据上海质量管理科学研究院和中国标准化研究院发布的《公共服务质量监测技术指南（2016版）》，公共服务质量监测工作包括项目启动、监测准备、监测开展、报告发布和结果运用等环节④。要确保上述质量监测工作的顺利实施，离不开一套健全的组织和资源保障体系，涉及组织保障、专业人员保障、资金保障、技术设备保障、政策与制度保障等⑤。

作为质量监测的重要组成部分，结果运用关系到质量问题的解决和质量水平的提高。质量监测中的结果运用主要有三方面的要求：一是向相关方报送质量监测的数据和结论报告；二是基于质量监测结果，对相关主体实施质量奖励或质量问责；三是跟踪质量监测报告反馈意见，特别是关注质量问题的解决程度。必要时，可对质量问题解决后的质量水

---

① 辛涛，李峰，李凌艳. 基础教育质量监测的国际比较 [J]. 北京师范大学学报（社会科学版），2007（6）：5-10.

② 陈朝兵. 基本公共服务质量管理体系的构建与实证研究 [J]. 中共天津市委党校学报，2020（3）：86-95

③ 环境保护部环境监测司. 环境保护监测工作手册 [M]. 北京：中国环境出版集团有限公司，1975：25-50.

④ 徐建华. 质检总局印发公共服务质量监测技术指南 [N]. 中国质量报，2016-07-14（1）.

⑤ 冯立元. "混合所有制"背景下高职院校人才培养质量监测与保障体系建设 [J]. 现代职业教育，2018（17）：68.

平开展再评估，确保质量水平的提升①。

3.3.2 主导性理论依据——"过程"分析框架

"过程"是一个极为常见和常用的普通词语。在学术研究的范畴中，"过程"一般有广义和狭义之分。广义的"过程"，根据 ISO9000 族标准的界定，是指"一组将输入转化为输出的相互关联或相互作用的活动"②。该定义表明，"过程"包含输入、转化和输出三个要素，用公式表示为"过程＝输入＋转化＋输出"。狭义的"过程"，根据《现代汉语词典》（第 7 版）的解释，是指"事情进行或事物发展所经过的程序"。该定义表明，"过程"包含着一系列的程序，用公式表示为"过程＝阶段 1＋阶段 2＋…＋阶段 n"。可见，无论是广义还是狭义的"过程"，其自身都蕴藏着特定的分析框架。同时，对比广义和狭义的"过程"分析框架可知，狭义的"过程"分析框架实际对应广义的"过程"分析框架中的"转化"环节（如图 3.3 所示）。

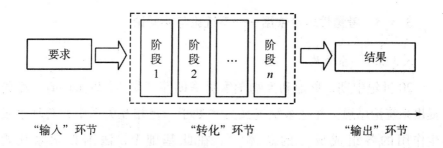

图 3.3　"过程"分析框架

（资料来源：笔者自制）

"过程"分析框架已在较多领域得到应用。其中，最为经典的应用是 ISO9000 族标准采用过程方法，遵循过程分析框架构建的"以过程为

---

① 庞春敏. 义务教育质量监测结果运用需求分析及建议：以广东省为调查对象 [J]. 教育测量与评价，2017（10）：15-19.

② 张勇，柴邦衡. ISO9000 质量管理体系 [M]. 北京：机械工业出版社，2017：98-102.

基础的质量管理体系模式"。在该模式中，输入的是顾客要求，转化环节包括资源管理、产品实现以及测量、分析和改进，输出的是顾客满意度。除此之外，学者们将"过程"分析框架应用到研究生培养①、政府部门管理②、公共服务③、政府数据开放④等众多领域。

在本书的研究中，基本公共服务质量监测在性质上是一种政府或第三方机构的组织活动（或过程、行为），因而，"过程"分析框架对于基本公共服务质量监测具有适用性。按照广义的"过程"分析框架，基本公共服务质量监测可分解为基本公共服务质量监测"输入""转化"和"输出"三个环节；按照狭义的"过程"分析框架，基本公共服务质量监测可分解为构成基本公共服务质量监测的一系列环节，具体包括基本公共服务质量监测的计划制订、工作准备、数据搜集与分析、报告发布等。由于广义的"过程"分析框架比狭义的"过程"分析框架对基本公共服务质量监测更具包容性和解释力，因而下文采用广义的"过程"分析框架来构建基本公共服务质量监测体系。

3.3.3 考量性理论依据——系统论与协同论

3.3.3.1 系统论

20世纪中期，奥地利生物学家贝塔朗菲（L. V. Bertalanfy）率先提出系统论思想，并把系统定义为"处于一定相互关系中并与环境发生作用的各组成成分的总体"⑤。在此基础上，法国数学家托姆（Thom）提出的突变论，联邦德国物理学家哈肯（Haken）提出的协同

---

① 郑冬梅，刘二莉. 借鉴 ISO9000 标准建立研究生培养质量过程管理体系的探索 [J]. 学位与研究生教育，2007（S1）：98-100.

② 尤建新，王家合. 政府质量管理体系建构：要素、要求和程序 [J]. 中国行政管理，2006（12）：44-47.

③ 肖陆军. 论政府公共服务质量管理体系建构 [J]. 宁夏社会科学，2008（4）：14-17.

④ 陈朝兵，吴钟灿，张田. "输入—转化—输出"框架下政府数据开放体系构建 [J]. 情报杂志，2021（7）：134-140.

⑤ 贝塔朗菲. 一般系统论 [M]. 林康义，魏宏森，等译. 北京：清华大学出版社，1987：51.

论，进一步推动了系统论思想的发展和完善，使之成为一套具有自身特色的理论、范畴和方法①。作为研究系统的一般模式、结构和规律的学问，系统论旨在研究各类系统的共同特征及其功能价值，并确立适用于一切系统的原理、原则和模型结构②。

理解系统论的核心要义，可以通过两组关系进行切入。一是系统与要素之间的关系。系统是由相互联系、相互作用、相互制约的若干要素按一定的结构组成的、具有一定功能的有机整体。如贝塔朗菲强调："任何系统都是一个有机的整体，它不是各个部分的机械组合或简单相加，系统的整体功能是各要素在孤立状态下所没有的新性质。"③ 也就是说，系统强调的是整体观念，且构成系统的各个要素之间并不是孤立存在的，而是相互联系、不可分割的，且每个要素在系统中都具有特定的作用。二是系统与环境之间的关系。系统存在于特定环境之中，系统中的要素与环境发生着密切的交互关系。一方面，系统对环境的要求和变化做出反应；另一方面，系统也通过输出内容对环境产生影响。正是通过这一互动机制，系统保持着自身的开放性和动态平衡性④。

系统论对任一与系统相关的活动都具有积极的指导价值。在本书中，构建基本公共服务质量监测体系也离不开系统论的指导。根据系统论的思想观点，构建基本公共服务质量监测体系，首先，要在认知上把基本公共服务质量监测体系视作一个有机整体，摒弃局部化、碎片化、机械化的认知理念；其次，要分析基本公共服务质量监测体系中的各个要素及其相互关系，并分析各个要素在基本公共服务质量监测体系中的作用；最后，要分析基本公共服务质量监测体系与外部环境之间的互动关系，特别是基本公共服务质量监测体系的各个要素与外部环境之间的互动机制。

---

① 张志勋. 系统论视角下的食品安全法律治理研究 [J]. 法学论坛, 2015 (1)：99-105.
② 张际平. 系统论与基础教育信息化应用推进 [J]. 中国电化教育, 2009 (3)：24-29.
③ 贝塔朗菲. 一般系统论 [M]. 林康义, 魏宏森, 等译. 北京：清华大学出版社, 1987：51.
④ 黄光明, 廖飒. 系统论在高职教学系统中的应用 [J]. 职业教育研究, 2008 (5)：23-24.

3.3.3.2 协同论

协同论（synergetics）（也称"协同学"或"协和学"）产生于20世纪70年代，由德国物理学家哈肯（Haken）在《协同学导论》《高等协同学》等书中系统阐述。协同论是继耗散结构理论之后出现的一门新的自组织系统理论，已发展成为研究各种不同的系统在质变过程中所遵循的共同规律的综合性学科[1]。

协同论的核心观点是"一个与外界物质、能量和信息交换的开放系统，其内部子系统之间通过相互作用而产生协同作用和相关效应，并形成从无规则混乱状态变为宏观有序状态，从低级有序向高级有序发展，以及从有序转化为混沌的机理和共同规律"[2]。协同论包括三个原理：第一，协同效应原理。该原理指出，系统内部存在协同作用，而在协同作用的影响下，构成系统的要素、子系统能在系统处于临界点时，推动系统从无序变为有序，在混沌中产生某种稳定结构，实现"协同导致有序"[3]。第二，自组织原理。该原理指出系统具有内在性和自主性，即系统在没有外部指令的条件下，其内部的要素、子系统之间能够遵循某种规则自动形成新的时间、空间、"时—空"有序结构或功能[4]。第三，支配原理（也称伺服原理）。该原理指出，当系统处于从一种结构或状态转变为另一种结构或状态的临界点时，系统中的序参量将支配子系统（快变量），主导系统演化发展。其中，序参量是指生命周期较长、主导系统演变进程、支配其他子系统或要素的慢变量。

协同论对本书构建基本公共服务质量监测体系具有较好的适应性和指导价值。首先，基本公共服务质量监测体系是一个与外界物质、能量

---

① 张新新，钟惠婷. 出版业高质量发展的战略协同机制思考：基于协同论的视角 [J]. 出版广角，2022（9）：60-66.

② 祁芬中. 协同论 [J]. 社联通讯，1988（6）：65-68.

③ 马振耀. 协同论视角下行为组织绩效系统演化机制与模拟仿真 [J]. 统计与决策，2018（19）：178-181.

④ 蒋俊东. 协同论对现代管理的启示 [J]. 科技管理研究，2004（1）：151-152.

和信息交换的开放系统，其内部构成要素、子系统之间存在协同作用，并在外部环境影响下发生演化，因而能够借鉴系统论的基本观点进行分析和解释。其次，要分析基本公共服务质量监测体系的构成要素、子系统之间的协同作用，以及研判基本公共服务质量监测体系受外部环境影响而发生的发展演化。最后，要识别"临界点"状态下基本公共服务质量监测体系中的序参量，并把握其对基本公共服务质量监测体系的主导作用。

3.4　基本公共服务质量监测体系框架的确立

笔者选择"过程"分析框架作为核心构建逻辑，从整体上把基本公共服务质量监测体系构建分解为由"输入""转化""输出"三个环节组成的理论框架。进一步地，结合公共服务和质量监测相关理论知识可知，"输入"环节对应基本公共服务质量监测的要求与标准体系，"转化"环节对应基本公共服务质量监测的实施与保障体系，"输出"环节对应基本公共服务质量监测的结果应用与反馈体系。由于按照"输入""转化""输出"三个环节构建的基本公共服务质量监测体系遵循的是"过程"分析框架，因而可以将其命名为"过程型"基本公共服务质量监测体系（如图 3.4 所示）。

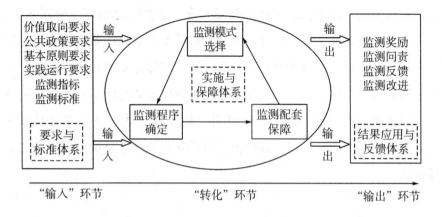

图 3.4 "过程型"基本公共服务质量监测体系的理论框架

(资料来源：笔者自制)

3.4.1 "输入"环节：基本公共服务质量监测的要求与标准体系

作为"过程"分析框架前置部分，"输入"是指相关方要求（如顾客要求、利益相关者要求等）的输入[①]。在基本公共服务质量监测中，"输入"的内容是以社会公众要求为基础的基本公共服务质量监测要求与标准。因此，"过程型"基本公共服务质量监测体系在"输入"环节所对应的是基本公共服务质量监测的要求与标准子体系。

基本公共服务质量监测的要求与标准体系可分为基本公共服务质量监测的要求体系和基本公共服务质量监测的标准体系，这两部分各自包括若干具体内容。其中，基本公共服务质量监测的要求体系包括四类监测要求：一是基本公共服务质量监测的价值取向要求，二是基本公共服务质量监测的公共政策要求，三是基本公共服务质量监测的基本原则要求，四是基本公共服务质量监测的实践运行要求。基本公共服务质量监测的标准体系则包括基本公共服务质量监测指标和基本公共服务质量监

---

① 张勇，柴邦衡. ISO9000 质量管理体系 ［M］. 北京：机械工业出版社，2017：98-102.

测标准①。

基本公共服务质量监测的要求和标准体系包含的基本公共服务质量监测体系要素主要有两个：一是基本公共服务质量监测的目标，体现为基本公共服务质量监测的价值取向要求和公共政策要求；二是基本公共服务质量监测的环境，体现为基本公共服务质量监测的要求和标准，源于外部环境中的社会公众表达的相关要求。

基本公共服务质量监测的要求和标准体系源于社会公众对基本公共服务质量及其监测相关要求的转化。根据公共服务供给的运行框架，社会公众表达对基本公共服务质量及其监测的要求，国家和行政部门则将公众表达的对基本公共服务质量及其监测的要求转化为相关的价值取向要求、公共政策要求、基本原则要求和实践运行要求，同时制定基本公共服务质量监测的指标和标准。

作为基本公共服务质量监测"输入"环节的内容，基本公共服务质量监测的要求和标准体系为"转化"环节的基本公共服务质量监测的实施与保障体系提供了驱动、指导和约束等多重作用，推动了基本公共服务质量监测的实施与保障体系的有序、规范和有效运行。

3.4.2　"转化"环节：基本公共服务质量监测的实施与保障体系

作为"过程"分析框架的中间部分，"转化"是一系列环节中工作的运行②。基于前文梳理的质量监测相关理论知识可知，基本公共服务质量监测的实施过程（或程序）包括多个步骤（或环节、阶段），同时也离不开全方位的保障。因而，"过程型"基本公共服务质量监测体系在"转化"环节对应的是基本公共服务质量监测的实施与保障体系。

基本公共服务质量监测的实施与保障体系分为基本公共服务质量监

---

① 基本公共服务质量监测的要求和标准体系的具体内容将在第4章展开分析。
② 张勇，柴邦衡. ISO9000质量管理体系［M］. 北京：机械工业出版社，2017：98-102.

测的实施体系和基本公共服务质量监测的保障体系。其中，基本公共服务质量监测的实施体系包括选择基本公共服务质量监测模式、设计基本公共服务质量监测方案、搜集分析基本公共服务质量监测数据、撰写发布基本公共服务质量监测报告和总结基本公共服务质量监测工作等工作。基本公共服务质量监测的保障体系包括基本公共服务质量监测的政策法规保障、基本公共服务质量监测的组织机构保障和基本公共服务质量监测的人财物资源保障等内容①。

基本公共服务质量监测的实施和保障体系包含的基本公共服务质量监测体系要素主要有四个：一是基本公共服务质量监测的主体，体现为监测模式选择、监测方案设计、监测信息搜集分析、监测报告撰写发布、监测工作总结等环节对应的监测主体。二是基本公共服务质量监测的内容，体现为监测方案设计和监测信息收集分析两个环节涉及的监测内容。三是基本公共服务质量监测的环节，体现为监测方案设计、监测数据搜集分析、监测报告撰写发布、监测工作总结等监测程序。四是基本公共服务质量监测的手段，体现为监测信息搜集分析过程中采用的技术手段。

作为基本公共服务质量监测"转化"环节的内容，基本公共服务质量监测的实施和保障体系一方面受到基本公共服务质量的监测要求与标准体系驱动、指导和约束，另一方面为基本公共服务质量监测的结果应用与反馈体系奠定基础。

3.4.3 "输出"环节：基本公共服务质量监测的结果应用与反馈体系

作为"过程"分析框架的末端部分，"输出"是对"转化"环节产生的一系列结果的输出②。由质量监测的一般理论知识可知，结果运

---

① 基本公共服务质量监测的实施和保障体系的具体内容将在第5章展开分析。

② 张勇，柴邦衡. ISO9000 质量管理体系 [M]. 北京：机械工业出版社，2017：98-102.

用和反馈是实现基本公共服务质量监测全周期"闭环"的最后环节。因而，"过程型"基本公共服务质量监测体系在"输出"环节对应的是基本公共服务质量监测的结果应用与反馈体系。

基本公共服务质量监测的结果应用与反馈体系分为基本公共服务质量监测的结果应用体系和基本公共服务质量监测的反馈体系。其中，基本公共服务质量监测的结果应用体系包括基于质量监测结果的基本公共服务质量奖励和基于质量监测结果的基本公共服务质量问责。基本公共服务质量监测的反馈体系包括基于质量监测结果的基本公共服务质量问题分析和基于质量监测结果的基本公共服务质量问题反馈与改进[①]。

基本公共服务质量监测的结果应用与反馈体系包含的基本公共服务质量监测体系要素主要有两个：一是基本公共服务质量监测的绩效，体现为应用基本公共服务质量监测的结果来开展监测奖励与问责、质量问题分析与改进活动。二是基本公共服务质量监测的环境，体现为基本公共服务质量监测的奖励、问责、问题分析与改进等活动对外部环境所产生的作用和影响。

作为基本公共服务质量监测"输出"环节的内容，基本公共服务质量监测的结果应用与反馈体系是基本公共服务质量监测"转化"环节的基本公共服务质量监测的实施与保障体系的"产物"，同时也与基本公共服务质量监测"输入"环节的基本公共服务质量监测的要求与标准体系形成了呼应。

综上，我们可以对基本公共服务质量监测"输入""转化""输出"环节分别对应的基本公共服务质量监测的要求与标准体系、实施与保障体系、结果应用与反馈体系进行比较（如表3.3所示）。

---

① 基本公共服务质量监测结果应用和反馈体系的具体内容将在第6章展开分析。

表3.3 "过程型"基本公共服务质量监测体系中三大子体系的比较

比较维度	要求与标准 体系	实施与保障 体系	结果应用 与反馈体系
对应"过程"环节	"输入"环节	"转化"环节	"输出"环节
核心内容	价值取向要求、公共政策要求、基本原则要求、实践运行要求、监测指标、监测标准	监测模式的选择、监测方案的设计、监测数据的收集分析、监测报告的撰写发布、监测工作总结、监测政策法规保障、监测组织机构保障、监测人财物资源保障	监测奖励、监测问责、质量问题分析、质量问题反馈、质量问题改进
体系要素	基本公共服务质量监测的目标、环境	基本公共服务质量监测的主体、内容、环节、手段	基本公共服务质量监测的绩效、环境
三者之间关系	对实施与保障体系具有驱动、指导和约束作用	受要求与标准体系的驱动、指导和约束,同时为结果应用与反馈体系奠定基础	是实施与保障体系的"产物",同时与要求与标准体系形成呼应

资料来源:笔者自制。

3.5 "过程型"基本公共服务质量监测体系框架的特色与应用价值

如前所述,按照不同的构建逻辑确定不同的体系要素,可以构建出不同的基本公共服务质量监测体系框架。本书以"过程"分析框架为构建逻辑,构建了具有一定特色和多重应用价值的"过程型"基本公共服务质量监测体系框架。

3.5.1 "过程型"基本公共服务质量监测体系框架的特色

与"过程"分析框架这一构建逻辑密切相关,"过程型"基本公共服务质量监测体系框架从总体上表现出结构逻辑性、阶段环节性、动态运行性、变化发展性和对外开放性。

其一，结构逻辑性。"过程型"基本公共服务质量监测体系框架不仅体现了要求与标准体系、实施与保障体系、结果应用与反馈体系三大子体系之间依次递进的逻辑关系，而且实现了基本公共服务质量监测体系若干要素的逻辑串联和排列。具体而言，基本公共服务质量监测的环境、目标要素存在于要求与标准体系中，基本公共服务质量监测的主体、内容、环节和手段要素存在于实施与保障体系中，基本公共服务质量监测的绩效和环境反馈要素存在于结果应用与反馈体系中。

其二，阶段环节性。一是从"过程型"基本公共服务质量监测体系框架的结构看，"输入""转化"和"输出"三个环节，分别对应基本公共服务质量监测的要求与标准体系、实施与保障体系、结果应用与反馈体系。二是"过程型"基本公共服务质量监测体系框架的"转化"环节包括选择基本公共服务质量监测模式、设计基本公共服务质量监测方案、搜集分析基本公共服务质量监测数据、撰写发布基本公共服务质量监测报告、总结基本公共服务质量监测工作等多个子环节。

其三，动态运行性。一方面，"过程型"基本公共服务质量监测体系框架的要求与标准体系、实施与保障体系、结果应用与反馈体系，按照"输入—转化—输出"的逻辑逐层递进，并由此表现出动态运行的特征；另一方面，在"过程型"基本公共服务质量监测体系框架的实施与保障体系中，选择基本公共服务质量监测模式、设计基本公共服务质量监测方案、搜集分析基本公共服务质量监测数据、撰写发布基本公共服务质量监测报告、总结基本公共服务质量监测工作等环节之间也存在递进关系，并在总体上形成一个循环往复的"动态运行环"。

其四，变化发展性。"过程型"基本公共服务质量监测体系框架不是一成不变和僵化停滞的，而是随着外部环境与形势要求的变化不断进行自我调整和优化，实现从低级形态向高级形态的演化升级，保持体系自身的持续更新与发展。比如，基本公共服务质量监测的要求与标准体系保持了与外部环境的紧密关系，并及时将其转化为基本公共服务质量监测的价值取向要求、公共政策要求、基本原则要求、实践运行要求等输入基本公共服务质量监测的实施与保障体系中，从而确保"过程型"基本公共服务质量监测体系的与时俱进和持续发展。

其五，对外开放性。"过程型"基本公共服务质量监测体系框架的对外开放性体现在三个方面：一是环境的开放性。"过程型"基本公共服务质量监测体系与外部环境保持良性互动，及时回应外部环境中社会公众对基本公共服务质量与质量监测的相关要求。二是利益的开放性。"过程型"基本公共服务质量监测体系面向社会公众等相关主体开放，回应和满足社会公众等相关主体的利益诉求。三是信息数据的开放性。"过程型"基本公共服务质量监测体系将监测过程和结果的信息数据向社会公开发布，接受社会公众的监督，也为基本公共服务提供主体提升基本公共服务质量水平提供数据支撑。

3.5.2 "过程型"基本公共服务质量监测体系框架的应用价值

"过程型"基本公共服务质量监测体系框架实现了外部环境要求、内部运行环节、结果绩效信息等基本公共服务质量监测体系关键要素的有机连接，对于从事基本公共服务质量监测工作的实务部门具有重要的应用价值。

第一，增强政府部门或第三方机构对基本公共服务质量监测外部环境中多元复杂利益诉求的回应和互动能力。基本公共服务质量监测的根本目标是解决基本公共服务质量问题，提高基本公共服务质量水平，以满足社会公众对基本公共服务质量的要求与期待。基本公共服务质量监测的逻辑起点，是外部环境中社会公众对基本公共服务质量与质量监测相关要求转化而来的一系列要求，如价值取向要求、公共政策要求、基本原则要求、实践运行要求等。在此基础上，一方面，基本公共服务质量监测外部环境中社会公众的多元和复杂要求，通过"输入"引起政府部门或第三方机构的关注与重视，并驱使政府部门或第三方机构做出及时回应和互动。另一方面，政府部门或第三方机构需要适应国内外环境与形势要求，主动调查、识别和掌握社会公众在基本公共服务质量监测方面的利益诉求，进而确立基本公共服务质量监测的价值遵循、指导原则、目标愿景与行动方案，并最终通过资源配置、管理运行、组织协调、活动开展、奖励问责等方式，回应和实现基本公共服务质量监测的外部环境要求。

第二，指导政府部门或第三方机构及其工作人员有序、协调、规范、高效地开展基本公共服务质量监测工作。基本公共服务质量监测的具体操作与实施是政府部门或第三方机构关注的重点问题，也是影响基本公共服务质量监测成效的关键因素。"过程型"基本公共服务质量监测体系框架表明，政府部门或第三方机构实施基本公共服务质量监测工作需要紧紧以基本公共服务质量为中心，围绕基本公共服务质量监测的各个环节依序展开。沿着基本公共服务质量监测的实施与保障体系中的基本公共服务质量监测"模式选择—方案设计—数据搜集分析—报告撰写发布—监测工作总结"链条，政府部门或第三方机构的基本公共服务质量监测工作能够形成一个任务清晰、结构优化、过程流畅、规范高效的运转体系。该运转体系不仅从整体上保障了基本公共服务质量监测工作的有序性，而且在很大程度上为跨层级、跨部门、跨区域的基本公共服务质量监测工作协调难题提供解决思路。

第三，帮助政府部门或第三方机构实施基于监测结果的基本公共服务质量总结反馈与持续改进。基本公共服务质量问题的解决程度、需求的满足程度与目标的达成程度，均以政府部门或第三方机构开展的基本公共服务质量监测结果为判断基础。根据"过程型"基本公共服务质量监测体系框架，基本公共服务质量监测的"输出"体现为监测奖励、监测问责、质量问题分析、质量问题反馈、质量问题改进等。基于基本公共服务质量监测产生的结果与影响，政府部门可以对基本公共服务质量的问题解决程度、公众需求满足程度、预期目标达成程度等做出评估与总结。对于产生了积极影响的基本公共服务，有关部门或机构应当将其作为未来开展基本公共服务质量管理工作的有益经验；对于产生了消极影响的基本公共服务，有关部门或机构应当将其作为下一阶段开展基本公共服务质量管理工作的关注重点。这两方面的评估与总结将有助于推动政府部门基本公共服务质量管理水平的持续提升。

4 基本公共服务质量监测的要求与标准体系

作为"过程型"基本公共服务质量监测体系框架的"输入"部分，基本公共服务质量监测的要求与标准体系从总体上驱动、指引、规范和约束基本公共服务质量监测活动的开展，并为基本公共服务质量监测的实施与保障体系、结果应用与反馈体系提供遵循。本章首先从基本公共服务质量监测的要求与标准的概念出发，对基本公共服务质量监测要求和基本公共服务质量监测标准二者的区别与联系进行分析；其次对基本公共服务质量监测的要求体系的构成内容展开分析；最后对基本公共服务质量监测的指标与标准体系做出设计并阐述说明。

4.1 基本公共服务质量监测要求与标准的内涵及相互关系

基本公共服务质量监测要求与基本公共服务质量监测标准是两个不同但具有内在联系的概念。明确二者各自的内涵与特征，以及二者的区别与联系，对于把握基本公共服务质量监测的要求与标准体系很有必要。

4.1.1 基本公共服务质量监测要求的内涵与特征

ISO9000：2000 标准把"要求"作为质量概念的术语之一，将其定义为"明示的、通常隐含的或必须履行的需求或期望"。同时，该标准就该定义做出了四点说明：第一，"通常隐含"是指组织、顾客和其他相关方的惯例或一般做法，所考虑的需求或期望是不言而喻的；第二，特定要求可使用修饰词表示，如产品要求、质量管理要求、顾客要求；第三，规定要求是经明示的要求，如在文件中阐明；第四，要求可由不同的相关方提出。

按照上述说明，基本公共服务质量监测要求的概念可以界定为：社会公众、政府部门、第三方机构等相关方提出的，用以指导、规范和约束基本公共服务质量监测活动的需求、期望、规则或条件。

基本公共服务质量监测要求具有如下基本特征：

第一，要求主体的多元性。基本公共服务质量监测要求的提出主体首先是基本公共服务的供给对象——社会公众。社会公众期望获得能够满足其需求的高质量基本公共服务，因而要求基本公共服务的提供主体开展质量管理和质量监测，不断提高基本公共服务的供给质量。基本公共服务质量监测要求的提出主体其次是基本公共服务监测的实施主体——政府部门或第三方机构。政府部门或第三方机构在开展基本公共服务质量监测的过程中，需要制定或形成一系列的公共政策、基本原则、操作规范等[①]，它们共同构成了指导、规范和约束政府部门或第三方机构基本公共服务质量监测行为方面的要求。

第二，要求形态的双重性。按照要求的隐含与明示情况，可以把基本公共服务质量监测要求分为两类：一类是隐含于社会公众心中的需求与期望，具有不可见性，且只有在调查获取的情况才具有可知性；另一

---

① 陈朝兵. 基本公共服务质量：概念界定、构成要素与特质属性 [J]. 首都经济贸易大学学报，2019 (3)：65-71.

类是明示于文件中的规则或条件，具有可见性和可知性①。两类形态的基本公共服务质量监测要求之间具有紧密的内在联系，即明示的基本公共服务质量监测规则或条件一般由隐含的基本公共服务质量监测需求或期望转化而来。

第三，要求内容的复杂性。基本公共服务质量监测要求是针对基本公共服务质量监测的全过程、全要素、全方位提出的一套复杂系统。从全过程的角度看，基本公共服务质量监测要求包括基本公共服务质量监测的目标设定、标准设立、模式选择、计划制订、数据搜集分析、报告撰写、工作总结、结果应用等各环节的要求；从全要素的角度看，基本公共服务质量监测要求涉及基本公共服务质量监测的主体、客体、内容、目标、环节、手段、绩效等各要素的要求；从全方位的角度看，基本公共服务质量监测要求覆盖基本公共服务质量监测的内在系统与外部环境、当前与未来、中央与地方、政府与第三方机构等各层面的要求②。

第四，要求功能的多维性。基本公共服务质量监测要求对政府部门或第三方机构开展基本公共服务质量监测具有多种功能作用。一是指导功能。基本公共服务质量监测的目标与内容、指标与标准、技术与手段、资源保障等方面的要求，为基本公共服务质量监测提供了基本的指引和帮助。二是规范功能。基本公共服务质量监测要求明确了基本公共服务质量监测的操作流程规范、技术手段使用规范、结果应用与反馈规范、信息公开发布规范等，构成了政府部门或第三方机构开展基本公共服务质量监测行为的准绳或标准。三是约束功能。基本公共服务质量监测要求既有刚性的政策法规，也有指导性的规范性文件，它们对政府部

---

① 陈朝兵. 公共服务质量：一个亟待重新界定与解读的概念 [J]. 中共天津市委党校学报，2017（2）：74-81.

② 曹婧文，宗习均. 国家产品质量监测制度：调查方案与实践应用 [J]. 调研世界，2023（5）：76-88.

门或第三方机构的基本公共服务质量监测行为具有不同程度的约束力①。

4.1.2　基本公共服务质量监测标准的内涵与特征

所谓标准，是指对人或事物的数量、质量、价值等进行衡量的依据和准则②。根据国家标准《标准化基本术语第一部分》（GB/T 3935.1—83），标准是指"为了在一定范围内获得最佳秩序，经协商一致制定并由公认机构批准，共同使用的和重复使用的一种规范性文件"③。关于监测标准概念的讨论较少，我们可以通过对检验标准、评估标准等相近概念的界定获得启发。检验标准是指"检验机构从事检验工作在实体和程序方面所遵循的尺度和准则，是评定检验对象是否符合规定要求的准则"④。评估标准是指能真实客观地反映事物的一套指标体系以及与之相对应的作为标杆使用的一套基准数据⑤。

由此，本书把基本公共服务质量监测标准的概念定义为：衡量基本公共服务供给过程及结果中的固有特性满足相关规定要求和社会公众要求程度的依据和准则，表现为一套指标体系及一套基准数据。基本公共服务质量监测标准的构成要素有三个：一是基本公共服务质量监测指标，二是基本公共服务质量监测指标的权重，三是基本公共服务质量监测的评分标准。其中，基本公共服务质量监测指标是指测量基本公共服务质量所采用的具体指标，基本公共服务质量监测指标的权重是指各项指标在影响基本公共服务质量各指标要素中的重要性程度，基本公共服

① 黄锡生，张真源. 论环境监测预警制度体系的内在逻辑与结构优化：以"结构—功能"分析方法为进路 [J]. 中国特色社会主义研究，2018 (6)：50-58.
② 鄢超云. 学前教育评价 [M]. 北京：高等教育出版社，2010：10.
③ 柳经纬. 标准与法律的融合 [J]. 政法论坛，2016 (6)：18-29.
④ 吴东峰. 面向电子元器件质量控制的关键技术与系统研究 [D]. 北京：北京理工大学，2015.
⑤ 张敏，吕雯雯. 学风建设中标杆管理的应用 [J]. 中国国情国力，2010 (2)：47-49.

务质量监测的评分标准是指各指标应达到的目标和要求分值①。

基本公共服务质量监测标准具有如下基本特征：

第一，价值关怀性。国际标准化组织指出，"标准必须以促进最佳社会效益为宗旨，这种社会效益的实现取决于其效率价值的实现"②。基本公共服务质量监测标准体现了一个国家占主导地位的基本公共服务价值理念。其核心宗旨是促进一国国民的基本公共服务福祉最大化，保障和改善民生，为满足人民群众对美好生活的向往提供兜底性和基础性支撑。

第二，来源实践性。基本公共服务质量监测标准不是主观确定的，而是以基本公共服务供给与管理实践经验为基础，并经政府部门、社会公众等利益相关者协商一致，充分进行互动、博弈、平衡之后确定的。随着国家经济社会的发展，政府财政能力得到增强，社会公众对基本公共服务质量的要求不断提高，基本公共服务质量监测标准将随之调整和变化③。

第三，客观权威性。"标准是经过不断试验抽象出来的规范，其产生的重要条件就是基于行动参与者多重分析而得出的客观概念。"④ 基本公共服务质量监测标准的制定主体，一般是具有权威性的公共部门、行业协会、专家学者等。基本公共服务质量监测标准一经制定和批准，便存在于公共政策和规范性文件之中。

第四，共通性和广泛性。基本公共服务质量监测标准是指适用于基本公共服务的各个领域、各类群体、各个区域的普遍性制度规范。与此同时，基本公共服务质量监测标准规定的外延对象具有普遍性，其一经国家、地方或行业的权威机构批准和认定，则相应群体必须遵循和服从。

---

① 贺红芳. 幼儿园保教质量监测标准的研制 [D]. 长沙：湖南师范大学，2017.
② 郁建兴，秦上人. 论基本公共服务的标准化 [J]. 中国行政管理，2015 (4)：47-51.
③ 姜晓萍，吴宝家. 人民至上：党的十八大以来我国完善基本公共服务的历程、成就与经验 [J]. 管理世界，2022 (10)：56-70.
④ 郁建兴，秦上人. 论基本公共服务的标准化 [J]. 中国行政管理，2015 (4)：47-51.

第五，指导性。"标准是对重复性事物和概念所做的统一规定。"①
基于规定对象的重复性特质，标准便具有强指导性的价值意义。基本公
共服务质量监测标准的指导性功能，不仅体现在对基本公共服务监测活
动的指导上，而且体现在对基本公共服务供给侧的相关组织和个人的指
导上②。

4.1.3 基本公共服务质量监测要求与标准的区别和联系

基本公共服务质量监测要求和基本公共服务质量监测标准，同作为
基本公共服务质量监测的应然规范，对政府部门和第三方机构的基本公
共服务质量监测行为都具有积极的指导价值。比较而言，基本公共服务
质量监测要求和基本公共服务质量监测标准之间既具有一定的区别，也
具有紧密的内在联系。

基本公共服务质量监测要求和基本公共服务质量监测标准之间的区
别至少体现在三个方面。一是提出或制定的主体不同。基本公共服务质
量监测要求的提出主体，既包括作为基本公共服务供给对象的社会公
众，也包括作为基本公共服务质量监测开展主体的政府部门和第三方机
构；而基本公共服务质量监测标准的制定主体通常是具有权威性的公共
部门、行业协会、专家学者等。二是形态不同。基本公共服务质量监测
要求的形态，既包括隐含在社会公众心中的需求与期望，也包括明示在
文件中的规则或条件；而基本公共服务质量监测标准是经协商一致制
定，并由公认机构批准的明示在文件中的依据和准则。三是抽象程度不
同。基本公共服务质量监测要求既包括抽象程度低的具体要求，如社会
公民对基本公共服务质量监测的个性化诉求或期望，也包括抽象程度高
的一般要求，如基本公共服务质量监测的价值取向要求、政策目标要求

---

① 佚名. 什么是标准？[J]. 广西质量监督导报，2006（7）：32.
② 任喜萍. 高质量发展阶段基本公共服务供给与新型城镇化质量研究 [J]. 城市问题，2022
（6）：16-26.

等；而基本公共服务质量监测标准是对基本公共服务的共同特征和变量的抽象概括，天然具有高度抽象的特征。

与此同时，基本公共服务质量监测要求和基本公共服务质量监测标准之间也具有紧密的内在联系，集中表现为基本公共服务质量监测要求的来源依据之一是基本公共服务质量监测标准。具体而言，无论是社会公众提出的基本公共服务质量监测要求，还是政府部门、第三方机构提出的基本公共服务质量监测要求，都在很大程度上把基本公共服务质量监测标准作为"参照系"①，并据此形成特定的基本公共服务质量监测的需求、期望、规则或条件。

综上分析，笔者将基本公共服务质量监测要求和基本公共服务质量监测标准之间的区别与联系用表4.1呈现。

表4.1　基本公共服务质量监测要求和标准之间的区别与联系

区别/联系		基本公共服务质量监测要求	基本公共服务质量监测标准
区别	制定或提出主体	社会公众、政府部门、第三方机构	公共部门、行业协会、专家学者等
	形态	既有隐含于社会公众心中的需求与期望，也有明示于文件中的规则或条件	明示于文件中的依据和准则
	抽象程度	既有抽象程度低的具体要求，也有抽象程度高的一般要求	高度抽象
二者之间的联系		基本公共服务质量监测要求以基本公共服务质量监测标准作为一种依据来源	

资料来源：笔者自制。

---

① 夏志强，罗旭，张相. 构建城乡基本公共服务均等化的标准体系 [J]. 新视野，2013（3）：67-70.

4.2　基本公共服务质量监测的要求体系的四维构成

基本公共服务质量监测的要求体系是社会公众、政府部门等相关主体对基本公共服务质量监测的需求、期望、规则或条件的综合。作为"过程型"基本公共服务质量监测体系"输入"环节的内容，基本公共服务质量监测的要求体系主要由价值取向、公共政策、基本原则和实践运行四类要求构成。

4.2.1　价值取向要求

价值取向是指根据一定的价值观对人们在"什么能做、什么不能做、什么应该做、什么不应该做"的价值选择中的选择进行定位和定向[①]。基本公共服务质量监测的价值取向为政府部门、第三方机构的基本公共服务质量监测行为提供方向性指引，保障基本公共服务质量监测工具理性与价值理性之间的统一和平衡。受基本公共服务的公共性本质属性影响[②]，基本公共服务质量监测具有人本、科学、民主、法治、责任、透明等多重价值要求。

其一，人本价值。人本价值的核心内涵是以人为本，坚持以人民为中心，把人民至上作为一切工作的出发点和落脚点[③]。基本公共服务质量监测作为一种工具手段，其根本目的是保障提高基本公共服务质量水平，满足人民群众对高质量基本公共服务的需求和期待。这就要求基本公共服务质量监测必须坚持和遵循人本价值，把人民至上贯穿于基本公共服务质量监测全过程。一方面，要把人民群众的利益诉求作为基本公

---

① 陈新夏. 唯物史观价值取向当代建构的前提性考查 [J]. 哲学研究，2019 (2)：23-32.
② 姜晓萍，陈朝兵. 公共服务的理论认知与中国语境 [J]. 政治学研究，2018 (6)：2-15.
③ 张值恒. 始终坚持以人民为中心　把人民利益作为一切工作的出发点和落脚点 [N]. 益阳日报，2019-11-24 (2).

共服务质量监测的逻辑起点，以人民群众反映的问题和表达的需求作为基本公共服务质量监测的"问题导向"；另一方面，要在开展基本公共服务质量监测工作的过程中落实人民群众的利益诉求，并对人民群众利益诉求的实现程度进行总结和评估，确保最大程度满足人民群众对提高基本公共服务质量水平的期待①。

其二，科学价值。基本公共服务质量监测从性质上来看，是一种工具手段；从过程上来看，涉及对一系列复杂数据的搜集、分析和处理；从结果上来看，需要为基本公共服务质量管理提供决策依据。这些都要求基本公共服务质量监测的开展过程是正确、可靠、有效和符合事实的，即遵循科学的价值取向。首先，要选择科学有效的基本公共服务质量监测模式和技术手段，才能保障基本公共服务质量监测结果的效度和信度。其次，要科学设计基本公共服务质量监测的标准，以之为参照才能得出符合实际的基本公共服务质量监测结论。最后，要规范基本公共服务质量监测的操作流程，为得出可靠的基本公共服务质量监测结论保驾护航②。

其三，民主价值。从社会公众的角度讲，社会公众在基本公共服务质量监测中享有多种民主权利，如表达权、参与权、知情权、监督权、评价权等③。从基本公共服务质量监测的角度讲，吸纳社会公众参与，有利于增强基本公共服务质量监测的科学性和合理性。坚持和遵循民主价值，实质就是要求基本公共服务质量监测的全过程吸纳公民参与，构建社会公众系统与基本公共服务质量监测的互动机制，采取一系列以民主为导向的实践举措，如听取社会公众的要求与意见、畅通社会公众参

---

① 朱士兴，谢林森，余德华. 教学质量监测与保证体系构建的思考与实践 [J]. 中国大学教学，2005（5）：39-40.

② 姜娜，丁滢滢，李静. 强化生态环境监测质量管理体系的建设途径 [J]. 清洗世界，2022（8）：184-186.

③ 李永胜，权小虎. 科学提升城市社区治理的公众参与度 [J]. 人民论坛，2023（8）：83-85.

与渠道、向社会公众公开监测的信息数据、接受社会公众的监督批评、开展公众满意度评价等，保障公民表达权、参与权、知情权、监督权和评价权等权利的实现。

其四，法治价值。作为基本公共服务质量监测的主体，政府部门的行为必须遵循"法无授权不可为"的逻辑，坚持依法行政原则，把法治的价值取向贯穿于基本公共服务质量监测的全过程。政府职能部门及其工作人员要加强法治意识，严格依据相关法律法规开展基本公共服务质量监测，确保基本公共服务质量监测的程序、方式等合法合规[①]；要贯彻落实基本公共服务质量监测的相关法律法规与政策，把相关法治理念、法治目标、法治要求等转化为行动，并确保其落地见效。

其五，责任价值。"提供基本公共服务是政府的职责。"[②] 提高基本公共服务供给质量，满足人民群众对美好生活的向往，是政府部门的责任与使命所在。政府部门开展基本公共服务质量监测，既是履行基本公共服务供给职责的内在要求，也是实现高质量基本公共服务发展目标的必然要求。中央政府与地方各级政府、政府不同职能部门要明确各自的基本公共服务质量监测职责，并强化作为基本公共服务监测责任主体的思想认识和使命担当。各级政府部门及其工作人员要提高履行基本公共服务质量监测职责的能力，确保基本公共服务质量监测开展的有效性和持续性。政府有关部门要对下级部门及工作人员履行基本公共服务质量监测职责的情况开展检查评估，对基本公共服务质量监测责任履行不力的组织与个人进行问责[③]。

其六，透明价值。基本公共服务质量监测坚持和遵循透明价值，是保障和实现社会公众知情权的必然要求，也是接受社会公众监督的基本

---

① 赵阳光. 基本公共服务质量监测：特性、原则与分类 [J]. 标准科学，2022 (7)：111-117.

② 国家基本公共服务体系"十二五"规划 [N]. 光明日报，2012-07-20 (9).

③ 钱明霞，江玉凤. 数据驱动本科教学质量监测：基本逻辑与困境突破 [J]. 教育理论与实践，2023 (15)：51-55.

条件。政部有关部门要将基本公共服务质量监测的相关政策向社会公众进行宣传，争取社会公众的理解和接纳；要及时公开基本公共服务质量监测开展的情况与动态，吸纳社会公众关注和参与其中；要定期发布基本公共服务质量监测报告，将基本公共服务质量监测的相关数据以及监测结果运用情况等公之于众[1]；要搭建基本公共服务质量监测与社会公众之间的信息发布和对话交流平台，提高社会公众获取基本公共服务质量监测信息和数据的便捷度。

4.2.2 公共政策要求

公共政策对政府部门解决社会问题和满足公众需求所采取的行动做出了基本规定[2]。作为政府部门主导的公共活动，基本公共服务质量监测面临多种公共政策要求，大体可以划分为公共服务相关的公共政策所提出的要求、质量监测相关的公共政策所提出的要求和公共服务质量监测相关的公共政策所提出的要求。

第一类是公共服务相关的公共政策所提出的基本公共服务质量监测要求[3]。《国家基本公共服务体系"十二五"规划》要求国家发展和改革委员会以"开展全国基本公共服务水平综合评价为重要手段，制定评价指标体系和评价方案，牵头组织开展中期评估和终期评估，并向国务院提交评估报告，以适当方式向社会公布"，同时要求国务院各有关部门和各省级人民政府"开展本行业和本地区的基本公共服务水平监测评价。……积极开展基本公共服务社会满意度调查。鼓励多方参与评估，积极引入第三方评估"。《"十三五"推进基本公共服务均等化规划》要求国家发展和改革委员会同国家统计局等有关部门，"建立健全

---

① 田小红，王超. 加拿大安大略省教师教育质量监测体系的特征及启示 [J]. 浙江师范大学学报（社会科学版），2020 (5)：90-99.
② 李建华. 公共政策程序正义及其价值 [J]. 中国社会科学，2009 (1)：64-69.
③ 需要说明，本书仅对国家层面制定的一般性公共服务的政策文件进行梳理，而不对各领域公共服务的政策文件，以及地方各级政府制定的公共服务政策文件做梳理。

基本公共服务综合评估指标体系，推进基本公共服务基础信息库建设，开展年度统计监测。适时组织开展本规划实施情况中期评估，重大情况及时向国务院报告"，同时要求国务院各有关部门、地方各级人民政府"定期开展基本公共服务需求分析和社会满意度调查，及时妥善回应社会关切"。《"十四五"公共服务规划》专门用一个小节提出"动态监测评估"的要求，其中提到，"国家发展改革委要会同有关部门完善规划实施监测评估机制，积极做好本规划实施年度监测、中期评估和总结评估工作，重大情况及时向党中央、国务院报告。各有关部门要定期开展分领域公共服务发展情况监测评估，跟踪督促各地区落实重点任务"。

可以看出，公共服务相关的公共政策所提出的基本公共服务质量监测要求具有如下特点：其一，在用词表述上，早期的"评价""评估""调查"等逐渐被"监测"替换；其二，明确了公共服务质量监测的主体，包括国家发展和改革委员会等国务院有关部门、地方各级政府；其三，区分了不同层级行政区域的监测，涵盖了公共服务总体与细分领域的监测，阶段性、终期性、年度性和长期性的监测，综合评价与带有公众满意度评价性质的监测；其四，鼓励多方参与评估和引入第三方评估；其五，强调监测结果向社会公布、向上级（党中央、国务院）报告，以及及时回应社会关切等。

第二类是质量监测相关的公共政策所提出的基本公共服务质量监测要求。《质量强国建设纲要》提出"提升公共服务质量效率"的目标，并要求"加强养老服务质量标准与评价体系建设""健全医疗质量管理体系""完善突发公共卫生事件监测预警处置机制""开展质量基础设施运行监测和综合评价"。《中华人民共和国产品质量法》提到"国家鼓励推行科学的质量管理方法""参照国际先进的产品标准和技术要求，推行产品质量认证制度"。《中华人民共和国标准化法》提到"县级以上人民政府标准化行政主管部门、有关行政主管部门依据法定职责，对标准的制定进行指导和监督，对标准的实施进行监督检查"。《中华人民共和国计量法》提到"国务院计量行政部门对全国计量工作实施统一监督管理。县级以上地方人民政府计量行政部门对本行政区域内的计量工作实施监督管理"。《中共中央 国务院关于开展质量提升行动的指导意见》提出"健全社会监督机制，推进以法治为基础的社会多元治理，构建市场主体自治、行业自律、社会监督、政府监管的质量共治格局。强化质量社会监督和舆论监督""提高质量在线监测、在线控制和产品全生命周期质量追溯能力。……实施服务质量监测基础建设工程""开展公共服务质量监测和结果通报，引导提升公共服务质量水平"。

可以看出，质量监测相关的公共政策所提出的基本公共服务质量监测要求具有如下特点：其一，明确质量监测的目标是提高公共服务质量与效率；其二，强调质量监测是质量管理体系的关键环节；其三，把标准制定与执行、质量计量工作监督管理、产品服务质量认证等作为质量监测的重要组成部分；其四，强调质量监测的政府主体责任，同时鼓励市场、行业、社会等多元主体共同参与质量监测；其五，强调质量监测要接受社会监督和舆论监督；其六，提出把质量监测作为基础建设工程进行推动。

第三类是公共服务质量监测相关的公共政策所提出的基本公共服务质量监测要求。上海质量管理科学研究院和中国标准化研究院起草的《公共服务质量监测技术指南（2016版）》，从组织流程、监测领域、监测指标、数据采集、问卷调查、舆情信息采集、报告形成等方面提供了公共服务质量监测的操作技术指南。国家市场监督管理总局组织制定的《服务质量监测技术指南》，围绕术语和定义、监测原则、监测流程、监测准备、监测开展、报告形成等方面，为基本公共服务质量监测的实施提供了参考。

相比前两类公共政策，《公共服务质量监测技术指南（2016版）》

和《服务质量监测技术指南》提出的基本公共服务质量监测要求更为细致、具体、全面和系统，而且也更具操作指导性。当然，基本公共服务质量监测活动还需结合自身实际情况，在《公共服务质量监测技术指南（2016版）》和《服务质量监测技术指南》的基础上进行细化和调整。

4.2.3 基本原则要求

在第2章，本书指出基本公共服务质量监测需要遵循的基本原则包括以人为本、科学合理、系统谋划、民主参与、应用改进和持续定期。这六个基本原则对政府部门或第三方机构开展基本公共服务质量监测提出了特定要求。基于第2章的分析和阐述，本节采用表格的方式对六个基本原则的要求进行呈现（如表4.2所示）。

表4.2　基本公共服务质量监测的基本原则要求

原则名称	原则的核心内涵	原则的要求
以人为本	基本公共服务质量监测要以人民为中心，最大化满足民众需求，并将民众利益贯穿全过程	（1）把以人民为中心作为基本公共服务质量监测的指导思想； （2）把民众需求确立为基本公共服务质量监测的重点内容； （3）避免"见物不见人"的基本公共服务质量监测指标设计； （4）积极和广泛吸纳民众参与基本公共服务质量监测过程； （5）确保基本公共服务质量监测结果运用于解决困扰民生的问题
科学合理	基本公共服务质量监测方法和技术手段的科学合理性	（1）设计一套具有科学性和合理性的基本公共服务质量监测指标体系； （2）保障基本公共服务监测过程中问卷调研方法运用的科学性； （3）注重发挥专业机构、专家学者、新闻媒体、普通民众等多元主体的作用； （4）将大数据技术应用于基本公共服务质量监测过程

表4.2(续)

原则名称	原则的核心内涵	原则的要求
系统谋划	对基本公共服务质量监测诸多环节和要素的系统谋划	(1) 整体谋划基本公共服务质量监测的实施环节，分别做好各个环节的工作，又要注意各个环节之间的关联和相互影响； (2) 统筹兼顾基本公共服务质量监测实施的若干要素，如监测主体、监测目标、监测手段、监测技术、监测环境、监测结果等
民主参与	社会民众参与基本公共服务质量监测过程	(1) 加大对基本公共服务质量监测过程和结果信息的公开，保障社会民众的知情权； (2) 开放多元化参与途径，畅通参与渠道，切实增强社会民众参与基本公共服务质量监测的可及性； (3) 鼓励社会民众参与，及时回应社会民众在基本公共服务质量监测中的意见表达、政策咨询和监督批评
应用改进	应用监测结果以提升基本公共服务质量水平	(1) 坚持结果应用和问题导向，设计开发基本公共服务质量监测结果应用系统，推动形成监测结果应用共同体； (2) 建立基本公共服务质量监测的"问题诊断—问题反馈—问题预警—问题改进"机制，有效发挥监测的诊断、改进和引导作用； (3) 建立基于监测结果的问题解决监督和跟踪机制
持续定期	跨时段和连续性地开展基本公共服务质量监测	(1) 持续开展基本公共服务质量监测，保持监测主体、监测内容、监测范围、监测指标、监测方式等的连续稳定； (2) 定期开展基本公共服务质量监测，既为基本公共服务质量监测提供充足的信息数据，又能促进社会公众建立合理稳定的心理预期

4.2.4 实践运行要求

如果说价值取向、公共政策、基本原则三个方面的要求都立足于应然理论层面，那么实践运行要求则立足于实然层面对政府部门或第三方机构所开展的基本公共服务质量监测活动提出相关要求。从管理学的角度看，一项实践活动发生或运行是其构成要素相互作用的结果①。因此，我们可以从基本公共服务质量监测的主体、目标、手段、环节、结果、环境等要素出发来分析其实践运行要求。

其一，监测主体的职责定位与跨主体协同监测。基本公共服务质量监测实践运行的首要问题是谁来负责和组织监测。基本公共服务质量监测的责任主体是政府部门，包括中央政府和地方各级政府。而组织开展基本公共服务质量监测的主体既可以是政府部门，也可以是受政府委托或独立的第三方机构。政府部门开展的基本公共服务质量监测活动是一项跨政府部门和政府层级的系统工程，需要国务院相关部门、地方各级政府及其职能部门明确各自职责分工，才能保障全国性和区域性基本公共服务质量监测活动的有序和顺利开展。受政府委托或独立的第三方机构所开展的基本公共服务质量监测活动，是政府部门与第三方机构之间高度协同的结果②。第三方机构具有专业性、独立性的优势，政府部门具有丰富一手数据资源、权威性等优势，二者的协同能实现优势互补，从而保障基本公共服务质量监测活动的科学性和有效性。

其二，监测目标的清晰明确与监测标准的科学设立。基本公共服务质量监测作为一种工具或手段，天然以服务和实现其目标为存在价值。同时，基本公共服务质量监测的内在含义之一是，用"标准"作为参照系来判断基本公共服务质量的水平③。因此，基本公共服务质量监测实践运行对监测目标和监测标准均提出了要求，其中，对基本公共服务质量监测目标的关键要求是清晰明确。除了要明确定性层面的基本公共服务质量监测目标，即获取质量信息数据、发现和解决质量问题、提升质量水平以外，有关部门或机构还需要明确定量层面的基本公共服务质

① 陈爱祖，唐雯，林雪峰. 构建和谐社会的管理学原理体系 [J]. 河北学刊，2006 (3)：173-179.
② 汪锦军. 构建公共服务的协同机制：一个界定性框架 [J]. 中国行政管理，2012 (1)：18.
③ 李刚，辛涛. 基础教育质量的内涵与监测评价理论模型 [J]. 华东师范大学学报（教育科学版），2021 (4)：15-29.

量监测目标，比如基本公共服务质量的改进提升数据、基本公共服务公众满意度的提高数据、基本公共服务质量的横向排名数据等。基本公共服务质量监测实践运行对基本公共服务质量监测标准的关键要求是科学设立。有关部门或机构既要参考借鉴基本公共服务质量监测的国际标准，又要遵循本国基本公共服务质量监测的国家标准和行业标准，还要立足自身实际情况制定一套符合实情和具有特色的基本公共服务质量监测标准。

其三，监测模式的确定与监测技术手段的匹配。按照监测内容的不同，基本公共服务质量监测模式可划分为专业监测模式、公众监测模式和综合监测模式[1]。因此，基本公共服务质量监测的实践运行需要确定特定的监测模式，并进而匹配相应的监测技术手段。其中，专业监测模式可以采用指标评价、质量认证的技术手段，公众监测模式可以采用SERVQUAL模型、满意度指数（CSI）等技术手段，综合监测模式则综合采用专业监测模式和公众监测模式的技术手段。除此之外，相关部门或机构还应当在特定监测模式中注重运用大数据技术，有效运用信息技术赋能基本公共服务质量监测[2]。

其四，监测环节的确立与监测过程的控制。相关部门或机构只有按照监测环节开展基本公共服务质量监测活动，才能对基本公共服务质量监测过程进行控制，保障基本公共服务质量监测目标如期实现。基本公共服务质量监测的实践运行需要确立监测的环节，包括设计基本公共服务质量监测方案（包含确定监测目标）、开展基本公共服务质量监测活动（包含搜集、处理和分析数据）、发布基本公共服务质量监测报告（包含应用监测结果）和总结基本公共服务质量监测工作（包含监测工作反思与改进）等。进一步地，要梳理各个监测环节的关键控制点，

---

① 陈朝兵. 基本公共服务质量管理体系的构建与关键环节研究［M］. 北京：中国社会科学出版社，2020：196-204.

② 李高帅. 我国公共服务质量监测提升路径［EB/OL］.（2021-12-12）［2024-05-03］. http://www.rmlt.com.cn/2021/1217/635068.shtml.

通过把握关键控制点，确保基本公共服务质量监测"不偏向、不走样、不变形"①。

其五，监测结果的应用与质量问题的解决。监测结果的应用是破解基本公共服务质量监测"为了监测而监测"问题的关键所在。在基本公共服务质量监测的实践运行过程中，有关部门或机构要把监测结果应用放在突出位置，根据监测结果对相关主体进行奖励或问责。更重要的是，有关部门或机构要基于对监测结果数据的分析，识别和诊断基本公共服务质量问题，查找基本公共服务质量问题的成因，并采取有针对性的措施解决基本公共服务质量问题，促进基本公共服务质量水平的提升。

其六，监测环境的回应与监测工作的总结。监测环境不仅为基本公共服务质量监测提供了发生场域与条件，也为基本公共服务质量监测提供了外部驱动力。反过来，保持与外部环境的互动，则是实现基本公共服务质量监测系统开放性的必然要求。基本公共服务质量监测的实践运行过程，需要关注外部环境要素（如社会公众需求、社会公众观念、社会态度与舆情、新闻媒体监督等）的发展变化，及时回应外部环境的要求，保持对外部环境的适应性。与此同时，有关部门或机构要把外部环境作为基本公共服务质量监测工作总结的重要考虑因素②，根据外部环境的发展变化与新的要求，对下一阶段的基本公共服务质量监测工作进行调整优化。

---

① 周济. 全面开展质量监测 建立健全基础教育质量保障体系 [N]. 中国教育报，2008-02-14（1）.
② 陈宇，朱明亚，张帆. 风险管理视角下的质量安全监管刍议 [J]. 质量与标准化，2017（7）：41-44.

4.3 基本公共服务质量监测的指标与标准体系的设计和内容及应用

基本公共服务质量监测的指标与标准体系是依据一定的理论、政策与实践进行设计的结果。由于不同的政府部门和第三方机构开展基本公共服务质量监测的服务领域、地理区划、行政层级、时间阶段等存在差异，因而并不存在一套放之四海而皆准的基本公共服务质量监测的指标与标准体系。基本公共服务质量监测的指标与标准体系也具有一般性和共通性的框架与内容，能够为政府部门和第三方机构开展基本公共服务质量监测工作提供有效遵循。

4.3.1 基本公共服务质量监测的指标与标准体系的设计依据

基本公共服务质量监测的指标与标准体系的设计不能凭空进行，而必须以相关的理论依据、政策依据和经验依据为指导，保障体系设计的科学性、逻辑性和合理性。

4.3.1.1 理论依据

理论依据主要是对基本公共服务质量监测的指标与标准体系的术语解释、框架要素、设计方法与步骤等基础理论问题提供解答。首先，基本公共服务质量监测的指标与标准体系的术语包括质量、质量监测、公众满意（度）、公共服务、基本公共服务，以及基本公共教育、基本劳动就业创业、基本社会保险、基本医疗卫生、基本社会服务、基本住房保障、基本公共文化体育、残疾人基本公共服务等。我们需要从理论层面对这些术语进行基本的概念界定。其次，根据前文分析，基本公共服务质量监测的指标与标准体系的框架要素主要有基本公共服务质量监测指标、基本公共服务质量监测指标权重和基本公共服务质量监测评分标准三个基本要素。最后，基本公共服务质量监测的指标与标准体系的设计方法与步骤既包含于一般性的指标体系的设计方法与步骤，又具有自身的特殊性①。一般性的指标体系设计方法与步骤包括运用关键绩效指标法、频度分析法、理论分析法、专家咨询法、重要程度分析法、结构方程模型、相关分析法等方法先后确定指标体系的框架结构、各层级指标及其权重、评分等级标准等②。

4.3.1.2 政策依据

政策依据为基本公共服务质量监测的指标与标准体系的服务领域、项目内容、保障标准等方面提供指导。进入 21 世纪，我国先后出台的《国家基本公共服务体系"十二五"规划》《"十三五"推进基本公共服务均等化规划》《"十四五"公共服务规划》都是设计基本公共服务质量监测的指标与标准体系的重要政策依据。比如，按照《国家基本公共服务体系"十二五"规划》，基本公共服务的领域范围包括公共教育、劳动就业服务、社会保障、基本社会服务、医疗卫生、人口计生、住房保障、公共文化等。以其中的基本公共教育服务项目为例，其包括九年义务教育、高中阶段教育和学前教育三个子项目，各子项目的内容与保障标准如表 4.3 所示。需要特别说明的是，2021 年 3 月 30 日，国家发展和改革委员会联合 20 个部门印发了《国家基本公共服务标准（2021 年版）》，围绕幼有所育、学有所教、劳有所得、病有所医、老有所养、住有所居、弱有所扶、优军服务保障、文体服务保障九个领域制定了国家标准，为基本公共服务质量监测的指标与标准体系设计提供了重要且直接的政策依据。

---

① 范逢春. 县级政府社会治理质量价值取向及其测评指标构建：基于社会质量理论的视角 [J]. 云南财经大学学报，2014（3）：109-119.

② 江易华. 县级政府基本公共服务绩效评估指标体系的理论构建与实证检测研究 [D]. 武汉：华中师范大学，2010.

表 4.3 "十二五"时期基本公共教育服务的内容与保障标准

项目	内容	保障标准
九年义务教育	义务教育免费	免学费、杂费以及农村寄宿生住宿费,免费向农村学生提供教科书。农村中小学年生均公用经费标准:普通小学不低于 500 元,普通初中不低于 700 元
	寄宿生生活补助	年生均补助小学 1 000 元、初中 1 250 元
	农村义务教育学生营养改善	在寄宿生生活补助基础上,集中连片特殊困难地区每生每天营养膳食补助 3 元(每年在校时间按 200 天计算)
高中阶段教育	中等职业教育免费	免学费
	中等职业教育国家助学金	资助每生每年不低于 1 500 元,资助两年
	普通高中国家助学金	平均资助每生每年 1 500 元,地方结合实际在 1 000~3 000 元范围内确定
学前教育	学前教育资助	具体资助方式和标准由地方确定

资料来源:笔者根据《国家基本公共服务体系"十二五"规划》整理而得。

4.3.1.3 经验依据

不同行业、不同地区的基本公共服务质量监测的指标与标准体系的设计,需要从自身的实践经验出发,在一般性的国际或国家的指标与标准体系的基础上进行调整与细化,以适应本行业和本地区的基本公共服务质量监测需要。比如,以《国家基本公共服务标准(2021 年版)》为基础和参照,国家体育总局等五个部门研究制定了《全民健身基本公共服务标准(2021 年版)》,具体内容如表 4.4 所示。

表 4.4　全民健身基本公共服务的内容与保障标准

内容	保障标准
公共体育设施开放	（1）每周免费或低收费开放时间不少于 35 小时，全年免费或低收费开放时间不少于 330 天；公休日、国家法定节假日、学校寒暑假期间，每天免费或低收费开放时间不少于 8 小时；全民健身日全面免费向社会开放 （2）体育场、体育馆、游泳馆、全民健身中心、体育公园、农民体育健身工程等公共体育设施所属户外公共区域及户外健身器材每天免费开放时间不少于 12 小时 （3）公共体育设施低收费价格一般不高于当地市场价格的 70%。低收费开放时，应为老年人、残疾人、学生、军人、消防救援人员和公益性群众体育赛事活动提供更优惠服务，收费标准一般不超过半价 （4）免费或低收费开放应覆盖晨练晚练等城乡居民健身高峰时段，不得全部安排在用餐高峰等城乡居民健身需求较低的时段 （5）公共体育设施应符合应急、疏散、消防、安全、卫生防疫等相关法律法规标准
全民健身服务	（1）每千人有 1.91 名社会体育指导员提供服务 （2）提供全民健身场地设施、群众体育赛事活动、健身组织、健身指导等信息咨询服务。群众可通过即时通信工具、手机客户端、官方网站、电话等多种渠道获取科学健身知识、预订场馆、参加培训和赛事活动等 （3）县（市、区）打造 2 种以上不同类型的符合当地实际的群众健身活动或比赛，每种群众健身活动或比赛每年举办 1 次以上；有条件的行政村每年举办 1 次以上群众健身活动或比赛。所举办的群众健身活动或比赛应严格按照相关法律法规标准制定办赛指南和参赛指引，并建立健全专项应急预案和安全保障措施 （4）公园、绿地等公共场所全民健身器材全年免费供公众使用。所配置的健身器材应符合国家相关标准和关于健身器材配建管理工作的规定

资料来源：笔者根据《全民健身基本公共服务标准（2021 年版）》整理而得。

4.3.2　基本公共服务质量监测的指标与标准体系的框架确立

根据理论分析，同时参考其他领域指标体系构建可知，基本公共服务质量监测的指标与标准体系框架确立的关键在于"三个确立"，即确立基本公共服务质量监测的指标、确立基本公共服务质量监测指标的权重，以及确立基本公共服务质量监测的评分标准。

4.3.2.1 基本公共服务质量监测指标的确立

基本公共服务质量监测指标的确立涉及基本公共服务质量监测的领域、基本公共服务质量的特性、基本公共服务质量监测指标的筛选。

首先是基本公共服务质量监测的领域。《国家基本公共服务体系"十二五"规划》中的基本公共服务范围包括基本公共教育、劳动就业服务、社会保障、基本社会服务、基本医疗卫生、人口和计划生育、基本住房保障、公共文化体育、残疾人基本公共服务；《"十三五"推进基本公共服务均等化规划》中的基本公共服务范围包括基本公共教育、基本劳动就业创业、基本社会保险、基本医疗卫生、基本社会服务、基本住房保障、基本公共文化体育、残疾人基本公共服务等领域；《国家基本公共服务标准（2021 年版）》中的基本公共服务范围涉及幼有所育、学有所教、劳有所得、病有所医、老有所养、住有所居、弱有所扶、优军服务保障、文体服务保障九个方面。综上，考虑到基本公共服务的"基本"属性，同时考虑到《"十四五"公共服务规划》虽然在时间上更近，但其已使用"公共服务"而非"基本公共服务"的概念范畴，本书采用《"十三五"推进基本公共服务均等化规划》中的基本公共服务范畴，将基本公共服务质量监测领域确立为基本公共教育、基本劳动就业创业、基本社会保险、基本医疗卫生、基本社会服务、基本住房保障、基本公共文化体育、残疾人基本公共服务。

其次是基本公共服务质量的特性。有研究认为基本公共服务质量特性存在于基本公共服务的提供过程及结果中，既与私人服务质量特性有共通性，也有彰显基本公共服务"公共性"本质属性的独特性，具体包括公益性、保障性、可及性、可靠性、透明性、廉洁性、参与性、回应性、公平性、共享性、保证性、责任性、法治性等①。《公共服务质

---

① 陈朝兵. 基本公共服务质量：概念界定、构成要素与特质属性 [J]. 首都经济贸易大学学报，2019（3）：65-71.

量监测技术指南（2016 版）》提到，公共服务质量监测指标的选取应考虑的公共服务质量特性包括适应性、安全性、公益性、效率性、便捷性。对比上述两种观点，前一种更侧重于理论分析，后一种更侧重于实践应用。本书从基本公共服务质量监测实践应用的角度出发，采用《公共服务质量监测技术指南（2016 版）》的观点，将基本公共服务质量监测指标设计中考虑的基本公共服务质量特性确定为适应性、安全性、公益性、效率性和便捷性。

最后是基本公共服务质量监测指标的筛选。基本公共服务质量监测指标的筛选因监测模式的不同而有所差异。也就是说，基本公共服务质量监测的专业监测模式（对应客观质量监测）和公众监测模式（对应主观质量监测）分别对应不同的监测指标。针对基本公共服务质量监测的专业监测模式，本书借鉴《"十三五"推进基本公共服务均等化规划》中的基本公共服务指标：基本公共教育包括九年义务教育巩固率和义务教育基本均衡县（市、区）的比例两项指标；基本劳动就业创业包括城镇新增就业人数和农民工职业技能培训两项指标；基本社会保险包括基本养老保险参保率和基本医疗保险参保率两项指标；孕产妇死亡率、婴儿死亡率和 5 岁以下儿童死亡率三项指标；基本社会服务包括养老床位中护理型床位比例和生活不能自理特困人员集中供养率两项指标；基本住房保障包括城镇棚户区住房改造和 4 类重点对象农村危房改造两项指标；基本公共文化体育包括公共图书馆年流通人次，文化馆（站）年服务人次，广播、电视人口综合覆盖率，国民综合阅读率，经常参加体育锻炼人数五项指标；残疾人基本公共服务包括困难残疾人生活补贴和重度残疾人护理补贴覆盖率、残疾人基本康复服务覆盖率两项指标。针对基本公共服务质量监测的公众监测模式，本书借鉴国家市场监督管理总局于 2019 年 11 月发布的《服务质量监测技术指南》中的公共服务公众满意度调查指标中的一部分，并对个别指标进行整合：公共教育包括教育水平、教学人员和办学条件三项指标，公共就业包括就业信息、就业技能、人才招聘会和人事档案挂靠四项指标，医疗服务包括门急诊服务和住院服务两项指标，社会保障包括医疗保险、养老待遇和残疾人救助三项指标，公共文化体育包括服务场所、文化活动、场地设施和体育活动四项指标，养老服务包括机构养老、社区养老和居家养老三项指标。

4.3.2.2 基本公共服务质量监测指标权重的确立

有研究指出，目前开展的公共服务质量监测指标是"以公共服务各领域的算术平均数为总体得分，不符合心理评价的过程。而且，普遍采用的均值模型是把各个领域一致对待，但各个领域对居民满意度的影响权重实际不同"[①]，这反映出没有解决好基本公共服务质量监测指标体系中各个指标权重确立的问题。然而，不同行业、不同地理区域、不同行政层级开展的基本公共服务质量监测工作具有差异性，本书不对基本公共服务质量监测指标的权重进行分配，而是就基本公共服务质量监测指标权重确立的思路和方法进行介绍说明，以供实务部门参考。

在权重确立的思路上，我们要根据监测模式的选择来考虑基本公共服务质量监测指标权重的确立。如果仅采用基本公共服务质量监测的专业监测模式或公众监测模式，那么只需对相应监测模式下的基本公共服务质量监测指标权重进行确立；如果同时采用这两种监测模式，那么除了对各监测模式下的基本公共服务质量监测指标权重进行确立外，还需在两种监测模式之间确定其各自权重。

在权重确立的方法上，我们可以采取频度分析法、理论分析法、专家咨询法、重要程度分析法、结构方程模型、相关分析法等方法，以科学合理地对专业监测模式和公众监测模式中基本公共服务质量监测指标进行权重分配。比如，针对结构方程模型在基本公共服务质量监测指标权重分配中的运用，有学者指出"在监测模型上可探索尝试结构方程

---

① 李高帅. 我国公共服务质量监测提升路径［EB/OL］.（2021-12-12）［2024-05-03］.http://www.rmlt.com.cn/2021/1217/635068.shtml.

模型的方法，这种方法相对于普遍应用的简单平均法和层次分析法可解决指标权重分配科学的问题"[1]。

4.3.2.3 基本公共服务质量监测评分标准的确立

基本公共服务质量监测的评分标准需要分别考虑专业监测模式和公众监测模式所对应的基本公共服务质量监测指标。在专业监测模式中，基本公共服务质量监测指标的数据来源于政府部门和第三方机构所公布的权威统计数据。针对各项指标的统计数据，本书参考贺红芳[2]的做法，将评分标准设置为"优秀""良好""合格""不合格"四个等级。具体内容如表4.5所示。

表4.5 专业监测模式下基本公共服务质量监测指标的评分标准

等级	优秀	良好	合格	不合格
内容	高于国家或行业确立的基本公共服务的保障标准或基线标准的25%~50%	介于"优秀"和"合格"之间	国家或行业确立的基本公共服务的保障标准或基线标准	低于国家或行业确立的基本公共服务的保障标准或基线标准

资料来源：笔者根据贺红方的《幼儿园保教质量监测标准的研制：以湖南省为样本》一文整理而得。

在公众监测模式中，基本公共服务质量监测指标的数据来源于通过发放调查问卷收集的公众满意度数据。针对基本公共服务公众满意度调查问卷的评分标准，本书采用《服务质量监测技术指南》设计的公众满意度多级量表。具体内容见表4.6。

---

① 李高帅. 我国公共服务质量监测提升路径[EB/OL].(2021-12-12)[2024-05-03].http://www.rmlt.com.cn/2021/1217/635068.shtml.

② 贺红芳. 幼儿园保教质量监测标准的研制：以湖南省为样本[D]. 长沙：湖南师范大学，2017.

表 4.6　公众监测模式下基本公共服务质量监测指标的评分标准

等级	非常不满意		比较不满意		一般		比较满意		非常满意		不知道
得分	1	2	3	4	5	6	7	8	9	10	99

资料来源：笔者根据《服务质量监测技术指南》整理而得。

4.3.3　基本公共服务质量监测的指标与标准体系的主要内容

根据上文分析，我们可以初步得出基本公共服务质量监测指标与标准体系（如表 4.7 和表 4.8 所示）。可以看出，专业监测模式和公众监测模式下的基本公共服务质量监测指标与标准体系均包括基本公共教育、基本劳动就业创业、基本社会保险、基本医疗卫生、基本社会服务、基本住房保障、基本公共文化体育和残疾人基本公共服务八个一级指标，但二级指标存在不同。这是因为，专业监测模式针对的是基本公共服务客观质量，其所采用的基本公共服务质量监测指标数据来源于政府部门和第三方机构所公布的权威统计数据。与之不同，公众监测模式针对的是基本公共服务主观质量，其所采用的基本公共服务质量监测指标数据来源于公众满意度问卷调查。

表4.7 专业监测模式下基本公共服务质量监测的指标与标准体系

一级指标	二级指标	数据来源、指标权重与评分标准的说明
基本公共教育	九年义务教育巩固率/%	
	义务教育基本均衡县（市、区）的比例/%	
基本劳动就业创业	城镇新增就业人数/万人	
	农民工职业技能培训/万人次	
基本社会保险	基本养老保险参保率/%	
	基本医疗保险参保率/%	
基本医疗卫生	孕产妇死亡率（1/10万）	（1）数据来源于政府部门和第三方机构公布的权威统计数据；（2）指标权重根据"4.3.2.2 基本公共服务质量监测指标权重的确立"进行设计；（3）评分标准参见表4.5
	婴儿死亡率/‰	
	5岁以下儿童死亡率/‰	
基本社会服务	养老床位中护理型床位比例/%	
	生活不能自理特困人员集中供养率/%	
基本住房保障	城镇棚户区住房改造/万套	
	4类重点对象农村危房改造/万户	
基本公共文化体育	公共图书馆年流通人次/亿人次	
	文化馆（站）年服务人次/亿人次	
	广播、电视人口综合覆盖率/%	
	国民综合阅读率/%	
	经常参加体育锻炼人数/亿人	
残疾人基本公共服务	困难残疾人生活补贴和重度残疾人护理补贴覆盖率/%	
	残疾人基本康复服务覆盖率/%	

资料来源：笔者根据《"十三五"推进基本公共服务均等化规划》等资料整理而得。

表 4.8　公众监测模式下基本公共服务质量监测的指标与标准体系

一级指标	二级指标	数据来源、指标权重与评分标准说明
基本公共教育	教育水平（如教育教学水平、课业负担）	
	教学人员（如师德师风）	
	办学条件（如教学设施设备、校园安全、餐饮安全）	
基本劳动就业创业	就业信息（如信息发布的及时性、咨询渠道的通畅性）	
	就业技能（如技能培训的有效性）	
	人才招聘会（如招聘会的针对性）	
	人事档案挂靠（如服务程序的便利性）	
基本社会保险	医疗保险（如城镇或农村的报销范围）	
	养老待遇（如按时或足额发放情况、领取手续的便利性）	（1）数据来源于公众满意度问卷调查；（2）指标权重根据"4.3.2.2基本公共服务质量监测指标权重的确立"进行设计；（3）评分标准参见表4.6
基本医疗卫生	门急诊服务（如挂号、候诊时间、环境卫生、隐私保护）	
	住院服务（如入院手续、费用清单、医患沟通、用药告知、医疗费用）	
基本社会服务	最低生活保障（如按时或足额发放情况）	
	特殊群体救助保障（如特困人员、留守儿童、退役军人、受灾人员的保障情况）	
基本住房保障	公共租赁住房（如需求满足程度、申请门槛可及性）	
	城镇棚户区住房改造（如需求满足程度）	
	农村危房改造（如需求满足程度、过程的透明性）	
基本公共文化体育	服务场所（如覆盖情况、开放时间、舒适度）	
	文化活动（如信息发布渠道、形式和内容贴合需求、文化服务数字化）	
	场地设施（如专业体育场馆建设情况、全民健身设施的可及性、运转维护情况）	
	体育活动（如信息发布渠道、形式和内容贴合需求）	
残疾人基本公共服务	残疾人就业援助	
	残疾人生活补助	

资料来源：笔者根据《服务质量监测技术指南》《"十三五"推进基本公共服务均等化规划》等资料整理而得。

4.3.4 基本公共服务质量监测的指标与标准体系的应用说明

上文给出的基本公共服务质量监测的指标与标准体系仅是一般层面的，政府部门或第三方机构在开展基本公共服务质量监测工作时，还需要立足实际情况，根据监测需要，对基本公共服务质量监测的指标与标准体系进行调整与细化。

在结合上文给出的基本公共服务质量监测的指标与标准体系，编制特定的基本公共服务质量监测的指标与标准体系的过程中，监测组织单位需要注意以下几个方面：

第一，关于不同监测模式下的基本公共服务质量监测的指标与标准体系的选择。基本公共服务质量监测的专业监测模式和公众监测模式，分别对应不同的基本公共服务质量监测的指标与标准体系。因而，基本公共服务质量监测的指标与标准体系应用的前提，是确定基本公共服务质量监测的模式。在专业监测模式、公众监测模式和综合监测模式中，同时涵盖客观质量和主观质量监测的综合监测模式，能更好地提高基本公共服务质量监测的有效性。

第二，关于基本公共服务质量监测领域的确定。监测组织单位可以对基本公共教育、基本劳动就业创业、基本社会保险、基本医疗卫生、基本社会服务、基本住房保障、基本公共文化体育和残疾人基本公共服务八个领域进行增删调整。但在此过程中，监测组织单位应该理解基本公共服务的内涵，即"建立在一定社会共识基础上，由政府主导提供的，与经济社会发展水平和阶段相适应，旨在保障全体公民生存和发展基本需求的公共服务"①，按照基本公共服务的基本性、公共性、民生性、保障性②来确立基本公共服务的范围。

第三，关于基本公共服务各领域监测指标的确定。监测组织单位可

① 国家基本公共服务体系"十二五"规划 [N]. 光明日报，2012-07-20 (9).
② 姜晓萍，陈朝兵. 公共服务的理论认知与中国语境 [J]. 政治学研究，2018 (6)：2-15.

以对基本公共服务各领域监测指标的数量与内容进行调整。在调整的过程中，一是要注意专业监测模式和公众监测模式对基本公共服务质量监测指标的要求不同，即专业监测模式要求基本公共服务质量监测指标统计数据的可得性，公众监测模式要求公众了解或熟悉基本公共服务质量监测指标。二是要注意同一基本公共服务领域的监测指标的代表性，以及指标之间的互斥性。三是要合理控制基本公共服务质量监测指标的数量，避免指标太多给工作人员搜集统计数据和公众填写满意度调查问卷造成繁重负担。

第四，关于基本公共服务各领域监测指标的权重确定。监测组织单位要避免把基本公共服务各领域监测指标的重要性"等同视之"，以免导致监测结果的不科学和不合理。根据专业监测模式和公众监测模式中基本公共服务质量监测指标权重确立的需要，监测组织单位可灵活采取频度分析法、理论分析法、专家咨询法、重要程度分析法、结构方程模型、相关分析法等方法，对不同监测模式中基本公共服务质量监测指标权重予以设置。

第五，关于基本公共服务各领域监测指标的评分标准、问卷设计与数据搜集。无论是专业监测模式还是公众监测模式，都需要将基本公共服务质量监测指标转化为统计表格或调查问卷，以指导基本公共服务各领域监测数据的搜集工作。以公众监测模式为例，需要设计基本公共服务质量公众满意度调查问卷，将基本公共服务质量监测指标转化为公众满意度调查问卷的题目，并采用公众满意度多级量表来设计评分标准。

第六，关于应用基本公共服务质量监测的指标与标准体系开展数据搜集工作。针对专业监测模式中的基本公共服务质量监测数据搜集，监测组织单位要加强与有关部门的沟通协调，保障数据搜集工作顺利进行。同时，当搜集的数据不符合指标要求时，可对有关统计数据进行人均化、比例化、相对化等处理，以提高数据的可用性。针对公众监测模式中的基本公共服务质量监测数据搜集，要注意"问卷调研方法应科学合理，包括抽样方法、抽样对象的选择、样本总量、样本分布等内容"①。同时，调查问卷的数据录入、数据处理和测算方法，均应注意保障准确性、科学性和合理性。

---

① 李高帅. 我国公共服务质量监测提升路径［EB/OL］.（2021-12-12）［2024-05-03］.http://www.rmlt.com.cn/2021/1217/635068.shtml.

5 基本公共服务质量监测的实施
与保障体系

作为"过程型"基本公共服务质量监测体系框架的"转化"部分，基本公共服务质量监测的实施与保障体系是对基本公共服务质量监测的要求与标准体系的回应、执行和落实，并为基本公共服务质量监测的结果应用与反馈体系奠定基础。构建基本公共服务质量监测的实施与保障体系面临的首要问题是基本公共服务质量监测模式的选择。本章首先对基本公共服务质量监测模式进行分析，分别介绍基本公共服务质量监测的三种模式并进行比较；其次对基本公共服务质量监测的实施程序展开分析；最后对基本公共服务质量监测的政策法规、组织机构和人财物资源三类保障进行阐述。

5.1 基本公共服务质量监测的三种模式及其比较

所谓模式，是指标准的一般性的结构和样式，是人们理解和认识事物的理论框架①。基本公共服务质量监测模式是指基本公共服务质量监

---

① 胡税根，翁列恩. 构建政府权力规制的公共治理模式 [J]. 中国社会科学，2017（11）：99-117.

测实施和实现的一般样式①。从不同的角度和标准出发，我们可以对基本公共服务质量监测模式做出不同的划分。有学者按照评价方式的不同，把公共服务质量评价划分为专业评价模式和公众评价模式②。鉴于基本公共服务质量监测的核心和重点同样在于"质量评价"，本书参照上述公共服务质量评价的划分思路，把基本公共服务质量监测模式划分为专业监测模式、公众监测模式，以及兼有专业监测和公众监测的综合监测模式。

5.1.1 专业监测模式

基本公共服务质量的专业监测模式，是指政府部门或第三方机构运用一定的监测方法、工具与技术手段，对基本公共服务质量特性满足相关规定要求的程度进行专业测评的一种模式。正如该定义所表明的，基本公共服务质量专业监测模式是以基本公共服务质量特性满足相关规定要求的程度为监测内容的。换言之，基本公共服务质量专业监测模式所监测的是基本公共服务的客观质量。这也意味着，基本公共服务质量专业监测模式是以基本公共服务质量相关规定要求为监测参照，来监测基本公共服务质量特性满足相关规定要求的程度。

基本公共服务质量专业监测模式之所以被称为"专业"监测模式，是因为该监测模式所监测的内容——基本公共服务质量特性满足相关规定要求的程度，代表了基本公共服务的客观质量，具有相当的复杂性和监测难度，决定了对其进行监测必然具备一定的专业性。关于基本公共服务客观质量的复杂性与监测难度，诚如有学者所言："公共部门所提供的公共产品和服务是无法用一定的价格来标示的，它不能像私人部门那样将利润作为其唯一的目标或作为衡量绩效的标准，这就给公共部门

---

① 陈朝兵. 基本公共服务质量管理体系的构建与关键环节研究 [M]. 北京：中国社会科学出版社，2020：196.

② 陈文博. 公共服务质量评价与改进：研究综述 [J]. 中国行政管理，2012 (3)：39-43.

质量标准的制定和测定带来了一定困难。"①

除了解释基本公共服务质量专业监测模式的"专业"含义以外，基本公共服务客观质量的复杂性与监测难度在很大程度上影响甚至决定了基本公共服务质量专业监测模式的构成要素与实施过程。

首先，基本公共服务客观质量的监测参照具有相当的复杂性，且在具体应用过程中有一定难度。基本公共服务客观质量的监测参照——基本公共服务质量的相关规定要求，具体包括两种情形：一种是基本公共服务提供过程中既有的、与基本公共服务质量相关的法律、法规、规章、政策、报告、规范、标准、管理制度等；另一种是由政府部门或第三方机构出于对基本公共服务客观质量监测的需要，以前述基本公共服务质量相关规定要求为根本依据，专门制定的基本公共服务质量监测的评分标准。可见，基本公共服务质量相关规定要求的类型是多种多样的，且各自作为基本公共服务客观质量的监测参照的重要性也不一样。同时，由于两种情形的基本公共服务质量相关规定要求更多的是定性的而非定量的描述，因而在用作基本公共服务客观质量的监测参照时均面临着难以操作的困难。

其次，基本公共服务客观质量的监测对象——基本公共服务质量特性具有多样性，且各自的重要性并不相当，各自被测评的难易程度也不一样。基本公共服务质量特性包括适应性、安全性、公益性、效率性、便捷性、保障性、可及性、可靠性、透明性、廉洁性、参与性、回应性、公平性、共享性、移情性、保证性、责任性、法治性等。在社会发展的任一阶段中，这些基本公共服务质量特性的重要性总是不同的，表现为有的基本公共服务质量特性更重要，有的基本公共服务质量特性相对不重要。同时，由于每一种基本公共服务质量特性的内涵等均不一样，以及具体的监测参照也不相同，因此对其监测的难易程度也不一

---

① 党秀云. 公共部门的全面质量管理 [J]. 中国行政管理, 2003 (8)：31-33.

样。比如，在一般情况下，相较于其他基本公共服务质量特性，法治性这一基本公共服务质量特性由于有着相对明确的法律法规作为监测参照，因而对其监测的难度相对较低。

最后，基本公共服务客观质量的监测方法、技术和手段必须在充分考虑基本公共服务质量特性与基本公共服务质量相关规定要求的复杂性的基础上才能有效运用。我们以基本公共服务客观质量测评的常用方法——指标评价法为例加以说明。该方法的运用过程大致如下：政府部门或第三方机构制定基本公共服务客观质量监测的评分标准，进而按照设定的指标体系和权重对基本公共服务客观质量进行监测①。该方法对基本公共服务客观质量复杂性的考量体现在：一是制定基本公共服务客观质量监测的评分标准时，必须同时综合考虑与基本公共服务质量相关的法律、法规、规章、政策、报告、规范、标准、管理制度等，且要尽可能地使用定量描述以便于监测；二是所制定的指标体系的维度要包括各种基本公共服务质量特性或至少包括重要性高的基本公共服务质量特性，更重要的是，要根据各种基本公共服务质量特性的重要性赋予其恰当的权重系数；三是要尽可能地使所制定的基本公共服务质量监测的评分标准与每一种基本公共服务质量特性形成对应关系，确保对各种基本公共服务质量特性的监测都能拥有相应的监测参照。

5.1.2　公众监测模式

基本公共服务质量的公众监测模式，是指由政府部门或第三方机构作为开展主体、社会公众作为评价主体，对基本公共服务质量特性满足社会公众要求的程度进行感知和评价的一种模式。与基本公共服务质量专业监测模式以基本公共服务客观质量为监测内容不同，基本公共服务质量公众监测模式以基本公共服务主观质量，即基本公共服务质量特性

---

① 陈文博. 公共服务质量评价与改进：研究综述 [J]. 中国行政管理，2012（3）：39-43.

满足社会公众要求的程度为监测内容。由于基本公共服务质量的社会公众要求存在于社会公众心中，因此对基本公共服务主观质量的监测只能通过社会公众的主观感知与评价进行。

基本公共服务质量公众监测模式把社会公众作为基本公共服务主观质量的评价主体，体现了社会公众在基本公共服务主观质量监测中的中心地位。实际上，基本公共服务提供组织所提供的基本公共服务的质量水平如何，作为基本公共服务享有者和对基本公共服务有着最直接、最真切感受的社会公众无疑最具有发言权。进一步而言，把社会公众作为基本公共服务主观质量的评价主体，还意味着赋予社会公众对基本公共服务提供组织的评价权与监督权。

基本公共服务质量公众监测模式的实施方式与路径主要包括如下两种：

一种是公众感知基本公共服务质量评价。公众感知基本公共服务质量评价来源于私人服务质量领域中的顾客感知服务质量。1984 年，克里斯琴·格罗路斯（Christian Grönroos）首先提出顾客感知服务质量的概念，并构建了顾客感知服务质量模型，认为顾客感知服务质量是顾客对服务的期望与实际感知的服务之间比较的结果[①]。在格罗路斯所构建的模型的基础上，帕拉苏拉曼（Parasuraman）、齐赛尔（Zeithaml）、贝利（Berry）构建了服务质量差距模型，并进一步提出了评价顾客感知服务质量的 SERVQUAL 模型。SERVQUAL 模型从有形性、可靠性、响应性、保证性和移情性五个维度衡量客户期望与实际感知之间的差距[②]。鉴于顾客感知服务质量模型以及测评顾客感知服务质量的 SERVQUAL 模型是在私人服务质量评价的语境中构建且主要适用于私人服务质量评价，我们可结合基本公共服务质量的自身特点对它们进行修

---

① GRÖNROOS C. A service quality model and its marketing implications [J]. European journal of marketing, 1984 (4)：36-44.

② PARASURAMAN A, ZEITHAML V A, BERRY L L. SERVQUAL, a multiple-item scale for measuring consumer of perception service quality [J]. Journal of retailing, 1988 (1)：12-40.

正，进而提出适合基本公共服务质量评价的公众感知基本公共服务质量评价模型。具体可分为两步：一是确定公众感知基本公共服务质量的测评维度，我们可以从适应性、安全性、公益性、效率性、便捷性、保障性、可及性、可靠性、透明性、廉洁性、参与性、回应性、公平性、共享性、移情性、保证性、责任性、法治性等特性中进行确定；二是在确定公众感知基本公共服务质量评价维度后，将每一维度"细分为若干个问题，通过调查问卷的方式，让用户对每个问题的期望值、实际感受值及最低可接受值进行评分"[1]。如此，我们可通过公众感知基本公共服务质量评价模型实现基本公共服务主观质量监测。

另一种是公众满意度评价。公众满意度评价是基本公共服务主观质量监测的一种重要方式，且在实践中十分常用和流行。公众满意度评价之所以可以作为基本公共服务主观质量监测的方式，原因在于：根据 ISO9000：2000 标准对"顾客满意"的定义——"顾客对其要求已被满足的程度的感受"可知，当社会公众对基本公共服务的质量要求被所接受的基本公共服务的质量特性满足后，将会产生满足感。这就是说，公众满意度是基本公共服务质量特性满足社会公众要求的程度，也是对基本公共服务主观质量的一种反映。既然公众满意度可以反映基本公共服务主观质量，那么公众满意度评价自然也就成为基本公共服务主观质量评价的可行方式。公众满意度评价的具体实施可借助专门的技术模型。一是顾客满意度指数（CSI）模型[2]。该模型由美国密歇根大学商学院质量研究中心提出，其由顾客期望、顾客对质量的感知、顾客对价值的感知、顾客满意度、顾客抱怨和顾客忠诚六个变量组成[3]。对该模型做出一定修正，即可将其应用于基本公共服务领域中的公众满意度评

---

① 陈振明，李德国. 公共服务质量持续改进的亚洲实践 [J]. 东南学术，2012（1）：102-112.

② 与顾客满意度指数（CSI）模型相类似的模型还有瑞典顾客满意度指数（SCSB）模型、美国顾客满意度指数（ACSI）模型、欧洲顾客满意度指数（ECSI）模型，这里不一一介绍。

③ 吕维霞. 论公众对政府公共服务质量的感知与评价 [J]. 华东经济管理，2010（9）：128 -132.

价。二是重要性-满意度分析（ISA）模型。该模型由马尔蒂拉（Martilla）和詹姆斯（James）提出，其由"低重要性-低满意度""低重要性-高满意度""高重要性-低满意度"和"高重要性-高满意度"四个基本象限组成①。该模型的优点在于可以把基本公共服务的重要性和公众对基本公共服务的满意度连接起来。

5.1.3 综合监测模式

基本公共服务质量综合监测模式，是指由政府部门或第三方机构运用一定的监测方法、工具与技术手段来对基本公共服务质量特性满足相关规定要求和社会公众要求的程度进行综合测评的一种模式。实际上，基本公共服务质量综合监测模式的"综合"的含义，即对基本公共服务质量的专业监测模式和公众监测模式的综合。因而，基本公共服务质量综合监测模式的监测主体、监测内容、监测原理、监测方法与技术，均是对基本公共服务质量的专业监测模式和公众监测模式的综合。

首先，基本公共服务质量综合监测模式的开展主体为政府部门或第三方机构，其中基本公共服务主观质量监测的评价主体为社会公众。其次，基本公共服务质量综合监测模式的监测内容包括基本公共服务质量特性满足相关规定要求的程度，即基本公共服务客观质量，和基本公共服务质量特性满足社会公众要求的程度，即基本公共服务主观质量。再次，基本公共服务质量综合监测模式的监测原理包括基本公共服务质量特性与相关规定要求之间的差距、基本公共服务质量特性与基本公共服务质量社会公众要求之间的差距。最后，在基本公共服务质量综合监测模式下，针对基本公共服务客观质量的监测方法和技术是指标评价法、质量认证等，针对基本公共服务主观质量的监测方法和技术是公众感知基本公共服务质量评价（具体如 SERVQUAL 模型）、公众满意度评价

---

① 陈振明，李德国. 公共服务质量持续改进的亚洲实践 [J]. 东南学术，2012（1）：102-112.

（具体如 CSI 模型、ISA 模型）等。

与基本公共服务质量的专业监测模式和公众监测模式相比，基本公共服务质量综合监测模式既有优势也有劣势。其最显著的优势是同时对基本公共服务的主观质量和客观质量进行监测，能更好地增强基本公共服务质量监测的有效性。当然，这也意味着，基本公共服务质量综合监测模式的实施难度和复杂性大大增加，尤其是加重了政府部门或第三方机构的实施成本。特别地，如何处理基本公共服务客观质量和基本公共服务主观质量二者之间的权重分配，是基本公共服务质量综合监测模式面临的一个技术性难题[①]。

5.1.4　三种模式的比较

从监测目标、监测主体、监测内容、监测参照、监测原理、监测方法与技术等维度出发，对基本公共服务质量监测的专业监测模式、公众监测模式和综合监测模式进行比较，有助于更好把握各种基本公共服务质量监测模式，进而获得选择基本公共服务质量监测模式的有益启示。

（1）监测目标。基本公共服务质量专业监测模式的监测目标是加强基本公共服务质量管理工作，提高基本公共服务客观质量水平；基本公共服务质量公众监测模式的监测目标是提高基本公共服务主观质量水平，以更好地满足社会公众的基本公共服务质量需求，提高基本公共服务的公众获得感和满意度；基本公共服务质量综合监测模式的监测目标是掌握基本公共服务的主观和客观质量状态，综合提高基本公共服务质量水平。

（2）监测主体。基本公共服务质量专业监测模式的开展和评价主体均是政府部门或第三方机构；基本公共服务质量公众监测模式的开展主体是政府部门或第三方机构，评价主体是社会公众；基本公共服务质

---

① 翁列恩，胡税根. 公共服务质量：分析框架与路径优化 [J]. 中国社会科学，2021 (11)：31-53.

量综合监测模式的开展主体是政府部门或第三方机构，涉及基本公共服务客观质量评价的主体是政府部门或第三方机构，涉及基本公共服务主观质量评价的主体是社会公众。

（3）监测内容。基本公共服务质量专业监测模式的监测内容是基本公共服务质量特性满足相关规定要求的程度，即基本公共服务客观质量；基本公共服务质量公众监测模式的监测内容是基本公共服务质量特性满足社会公众要求的程度，即基本公共服务主观质量；基本公共服务质量综合监测模式的监测内容包括基本公共服务的客观质量和主观质量。

（4）监测参照。基本公共服务质量专业监测模式的监测参照是基本公共服务质量的相关规定要求，包括与基本公共服务质量相关的法律、法规、规章、政策、报告、规范、标准、管理制度等的要求，以及政府部门或第三方机构制定的基本公共服务质量监测的评分标准；基本公共服务质量专业监测模式的监测参照是基本公共服务质量的社会公众要求，其存在于社会公众心中；基本公共服务质量综合监测模式的监测参照包括基本公共服务质量的相关规定要求和社会公众要求。

（5）监测原理。基本公共服务质量专业监测模式的监测原理是基本公共服务质量特性与基本公共服务质量相关规定要求之间的差距；基本公共服务质量公众监测模式的监测原理是基本公共服务质量特性与基本公共服务质量社会公众要求之间的差距；基本公共服务质量综合监测模式的监测原理包括基本公共服务质量特性与基本公共服务质量相关规定要求之间的差距、基本公共服务质量特性与基本公共服务质量社会公众要求之间的差距。

（6）监测方法与技术。基本公共服务质量专业监测模式的监测方法与技术主要是指标评价法，具体做法为"依据公共服务提供者或者第三方机构制定的衡量公共服务质量的标准，按照设定的指标体系和权重对公共服务质量进行定量的测评"①。服务质量认证也是一种可用的专业评价方法，是指"自上而下地由根据国家制定或者国际通行的标准来对公共部门提供的质量进行检查"②。基本公共服务质量公众监测模式的评价方法与技术则主要包括公众感知基本公共服务质量评价和公众满意度评价，前者可通过 SERVQUAL 模型进行，后者可通过顾客满意度指数（CSI）模型和重要性-满意度分析（ISA）模型进行。基本公共服务质量综合监测模式的方法与技术包括上述专业监测模式和公众监测模式的监测方法与技术。

以上关于基本公共服务质量专业监测模式、公众监测模式和综合监测模式六个方面的比较可以用表 5.1 简明呈现。

表 5.1　基本公共服务质量三种监测模式的比较

比较维度	专业监测模式	公众监测模式	综合监测模式
监测目标	提高基本公共服务客观质量水平	提高基本公共服务主观质量水平	提高基本公共服务客观和主观质量水平
监测主体	开展主体和评价主体均是政府部门或第三方机构	开展主体是政府部门或第三方机构，评价主体是社会公众	开展主体是政府部门或第三方机构，基本公共服务客观质量的评价主体是政府部门或第三方机构，基本公共服务主观质量的评价主体是社会公众
监测内容	基本公共服务客观质量	基本公共服务主观质量	基本公共服务客观质量和主观质量
监测参照	基本公共服务质量的相关规定要求	基本公共服务质量的社会公众要求	基本公共服务质量的相关规定要求和社会公众要求

① 陈文博. 公共服务质量评价与改进：研究综述 [J]. 中国行政管理, 2012 (3)：39-43.
② 陈振明, 李德国. 公共服务质量持续改进的亚洲实践 [J]. 东南学术, 2012 (1)：102-112.

表5.1(续)

比较维度	专业监测模式	公众监测模式	综合监测模式
监测原理	基本公共服务质量特性与基本公共服务质量相关规定要求之间的差距	基本公共服务质量特性与基本公共服务质量社会公众要求之间的差距	基本公共服务质量特性与基本公共服务质量相关规定要求之间的差距、基本公共服务质量特性与基本公共服务质量社会公众要求之间的差距
监测方法与技术	指标评价法、服务质量认证	公众感知质量评价的 SERVQUAL 模型，公众满意度评价的 CSI 模型、ISA 模型	包括专业监测模式和公众监测模式的监测方法与技术

通过比较可知，作为基本公共服务质量监测的三种不同模式，专业监测模式、公众监测模式和综合监测模式实际上各自凭借其自身的监测框架，分别监测着不同的基本公共服务质量成分，即专业监测模式专门监测基本公共服务的客观质量，公众监测模式专门监测基本公共服务的主观质量，综合监测模式同时监测基本公共服务的客观质量和主观质量。这对实践层面选择哪一种基本公共服务质量监测模式，无疑有着一个重要启示：根据拟达到的监测目标所对应的基本公共服务质量成分，来选择相应的基本公共服务质量监测模式。具体来讲，如果想要加强基本公共服务质量管理工作，提高基本公共服务客观质量水平，那么应当选择基本公共服务质量监测的专业监测模式；如果想要提高基本公共服务的主观质量水平，提升基本公共服务的公众获得感和满意度，那么应当选择基本公共服务质量监测的公众监测模式；如果想要整体提高基本公共服务的客观质量和主观质量水平，那么应当选择基本公共服务质量监测的综合监测模式。

5.2 基本公共服务质量监测的实施程序

基本公共服务质量监测的模式一经确定，即进入基本公共服务质量监测的实施程序。具体如下：

5.2.1 设计基本公共服务质量监测方案

基本公共服务质量监测方案是包括基本公共服务质量监测的背景、目标、依据、领域、方式、时间安排、过程控制、配套保障等要素的总体性计划[①]。设计基本公共服务质量监测方案，有助于指导和保障基本公共服务质量监测工作有序和顺利开展。从实践层面看，一些地方政府在开展公共服务质量监测工作中，已经制定发布了相应的公共服务质量监测方案，如《2021 年内蒙古自治区公共服务质量监测项目实施方案》、乐东县市场监督管理局所发布的《公共服务质量监测调查工作方案》等。

综合而言，基本公共服务质量监测方案的设计需要考虑以下要素与内容：

（1）监测背景：主要介绍说明开展基本公共服务质量监测工作所处的时间背景、空间背景、理论背景、政策背景、实践背景等；同时，可以附带解释相关专业术语（如"基本公共服务"），以及说明开展基本公共服务质量监测工作的价值意义。

（2）监测目标：主要说明开展基本公共服务质量监测工作所要达到的目标，如掌握基本公共服务质量发展状况，掌握社会公众满意度情况，分析诊断基本公共服务质量主要短板、存在问题及其原因，提出提

---

① 黄巨臣. 高校人才培养方案中的利益相关者逻辑及其作用机制 [J]. 北京社会科学，2021（10）：56-65.

升基本公共服务质量水平的对策建议等。

（3）监测依据：主要说明开展基本公共服务质量监测工作的依据。方案设计者可以将国际、国家和行业层面的相关规范性文件、政策性文件、管理制度等作为基本公共服务质量监测的依据，如《质量管理 顾客满意 监视和测量指南》（GB/T 19014—2019）、《服务质量监测技术指南》、《公共服务质量监测技术指南（2016 版）》、《顾客满意测评通则》（GB/T 19039—2009）、《顾客满意测评模型及方法指南》（GB/T 19038—2009）、《"十三五"推进基本公共服务均等化规划》、《国家基本公共服务标准（2021 年版）》等。

（4）监测领域：主要说明基本公共服务质量监测的领域范围。方案设计者可以在《"十三五"推进基本公共服务均等化规划》列出的基本公共教育、基本劳动就业创业、基本社会保险、基本医疗卫生、基本社会服务、基本住房保障、基本公共文化体育和残疾人基本公共服务八个领域的基础上进行增删调整。

（5）监测方式：主要说明专业监测和（或）满意度调查的监测方式，并进而说明具体确定专业监测和（或）满意度调查的实施方式。以满意度调查为例，可以采用的实施方式包括拦截面访调查、入户访问调查、网络调查、计算机辅助电话访问等。

（6）监测时间安排：明确基本公共服务质量监测工作开展的总时长，并具体划分监测前期准备阶段、监测工作实施阶段、监测数据搜集及整理统计分析阶段、监测报告撰写及提交阶段的起始时间。

（7）过程控制：涉及人员培训与监测活动质量控制、监测数据搜集与处理质量控制、监测报告撰写及总结质量控制等多个方面。方案设计者要将各类过程质量控制的关键要点和注意事项予以明确。

（8）配套保障：明确基本公共服务质量监测工作的组织保障，如明确领导与牵头的组织机构、具体执行和实施的组织机构，以及各组织机构的分工与责任；明确基本公共服务质量监测工作的经费保障，可以采用项目制的方式列出基本公共服务质量监测工作的项目预算。

5.2.2 搜集和分析基本公共服务质量监测数据

基本公共服务质量监测数据的搜集和分析是基本公共服务质量监测工作的关键环节，直接关系到基本公共服务质量监测结果的科学性、可靠性和有效性。在不同的基本公共服务质量监测模式中，基本公共服务质量监测数据主要分为两类：一类是政府部门和第三方机构公布的权威统计数据，主要用于监测基本公共服务的客观质量；另一类是通过社会公众调查获取的基本公共服务满意度数据，主要用于监测基本公共服务的主观质量。因而，可以分别从这两类数据出发，来讨论政府部门或第三方机构开展的基本公共服务质量监测数据的搜集和分析工作。

基本公共服务客观质量监测数据的搜集和分析工作主要包括如下内容：一是将基本公共服务客观质量监测指标体系转化为调查问卷（包含各级指标及其权重、评分标准），明确需要搜集的基本公共服务客观质量监测数据；二是通过统计年鉴、统计公报、政府工作报告、政府网站等途径，搜集所需要的基本公共服务客观质量监测数据；三是必要时可对有关统计数据进行人均化、比例化、相对化等处理；四是对搜集的基本公共服务客观质量监测数据进行反复核查，确保数据的准确性；五是按照指标权重对基本公共服务客观质量监测数据进行计算，形成系统性、整体性的基本公共服务客观质量监测数据；六是通过对基本公共服务客观质量监测数据的统计分析，来认识基本公共服务客观质量的现象及其规律，得出基本公共服务客观质量的相关结论[①]。

基本公共服务主观质量监测数据的搜集和分析工作主要包括如下内容：一是确定公众满意度调查的模型和指标，明确基本公共服务主观质量监测的领域、内容、指标及其权重；二是将基本公共服务主观质量监

---

① 徐建华.《服务质量监测技术指南》发布 [N]. 中国质量报，2020-01-20（1）.

测指标转化为公众满意度调查问卷；三是设计调查问卷的抽样准则，并科学运用随机抽样、分层抽样、非统计抽样等抽样方式，保障调查样本的代表性；四是根据调查目的、样本情况、调查预算等选择适宜的问卷调查方式，如电话调查、网络调查、拦截面访、入户访问等；四是公众满意度问卷调查的实施；五是公众满意度问卷调查的数据测算；六是通过对基本公共服务公众满意度数据的统计分析，来认识基本公共服务主观质量的现象及其规律，得出基本公共服务主观质量的相关结论①。

5.2.3 撰写和发布基本公共服务质量监测报告

基本公共服务质量监测报告是呈现基本公共服务质量监测工作开展情况与监测结果的文本。根据报告是反映全部领域还是反映个别领域，我们可以把基本公共服务质量监测报告分为总体报告和专项报告。负责撰写基本公共服务质量监测报告的主体为开展基本公共服务质量监测工作的政府部门或第三方机构。

判断基本公共服务质量监测报告质量的标准主要有三个，即诊断性、设计性和发展性。其中，诊断性是指基本公共服务质量监测报告能正确识别服务质量问题和考虑社会公众需求的程度；设计性是指基本公共服务质量监测报告能提供解决服务质量问题所需要的适当意见和建议的程度；发展性是指基本公共服务质量监测报告能够运用监测结果改进服务质量，将监测数据转化为可行措施的程度②。

根据《公共服务质量监测技术指南》，基本公共服务质量监测报告主要包括如下内容：一是封面，包括报告名称、监测调查时间、有效样本总量、监测机构等信息；二是公正性承诺，有监测机构的单位盖章和法人代表签字；三是正文部分，包括前言（监测目的和意义等），监测

---

① 徐建华. 质检总局印发公共服务质量监测技术指南 [N]. 中国质量报，2016-07-14 (1).
② 底会娟，王艺芳. 发达国家学前教育质量监测体系的比较与启示：以美国、英国、澳大利亚为例 [J]. 现代教育管理，2019 (5)：77-82.

概况（监测区域、监测领域、监测方法、监测样本量及分布、监测信度等），主要结果（基本公共服务客观质量和主观质量的总体情况、各重点领域或地区基本公共服务客观质量和主观质量的情况），主要结论（将监测所得的结论逐条写出），意见及建议（将解决质量问题、提高质量水平的意见及建议逐条写出）；四是附录部分，包括监测理论及依据说明、监测模型及指标说明、监测方法说明、监测抽样说明等。

基本公共服务质量监测报告撰写完成后，有关部门或机构还需通过专家论证和召开专题会议等方式，修改和完善基本公共服务质量监测报告。一方面，可以采取专家访谈的方式，听取来自调研项目组织单位、科研院所、有关协会等相关专家学者对基本公共服务质量监测模型选择、指标及权重设置、问卷设计、数据搜集与分析、监测结果与结论等提出的意见和建议；另一方面，应当召集提供基本公共服务的相关部门，当面听取其对基本公共服务质量监测报告的意见。

经过专家论证和专题会议后，即进入基本公共服务质量监测报告的发布环节。负责基本公共服务质量监测的政府部门可以召开发布会，或通过政府网站、新闻媒体等方式，将基本公共服务质量监测结果向社会公众发布；同时，根据工作需要，应当向上级或同级人民政府报告，以及向有关部门通报。基本公共服务质量监测结果发布后，有关部门要对各方反馈的意见进行收集和回应，为下一阶段基本公共服务质量监测工作的调整优化，以及基本公共服务质量水平的提升提供参考依据[①]。

5.2.4 总结基本公共服务质量监测工作

不同于一般的基本公共服务绩效评价或质量评估，基本公共服务质量监测的显著特征之一是在一定的时间段内定期持续开展。因而，单次基本公共服务质量监测工作的结束，仅仅是阶段性而非终点性的结束，

---

① 徐建华.《服务质量监测技术指南》发布 [N]. 中国质量报，2020-01-20（1）.

未来某个时间节点还将再一次开展。这意味着，每一次基本公共服务质量监测工作的结束，都十分有必要加以认真总结，从而为下一次基本公共服务质量监测工作的开展提供经验参考。

开展基本公共服务质量监测工作的政府部门或第三方机构是总结基本公共服务质量监测工作的主体。基本公共服务质量监测工作总结的内容包括但不限于：一是基本公共服务质量监测的模式选择、理论模型、指标选取与指标权重、问卷设计、样本数量及分布、监测区域与领域等的科学性和合理性；二是基本公共服务质量监测的方案设计的适当性；三是基本公共服务质量监测目标的达成度；四是基本公共服务质量监测实施过程中的时间安排、方式选择、数据搜集、过程控制、资源保障等的合理性；五是基本公共服务质量监测的结果与结论，包括问题发现、成因分析、对策建议等的准确性和合理性；六是基本公共服务质量监测工作组织与开展过程是否顺利；七是对相关主体的意见与建议的回应性等[①]。

做好基本公共服务质量监测工作的总结，可以从如下几个方面入手：第一，在开展基本公共服务质量监测工作的过程中，做好问题记录工作，为基本公共服务质量监测工作的总结提供参考；第二，根据基本公共服务质量监测工作开展的情况，系统梳理监测工作有待总结的要点和重点，明确监测工作总结的内容；第三，召开专门的基本公共服务质量监测工作总结分析会议，听取监测工作相关的领导与管理者、工作人员的意见和建议；第四，在做好基本公共服务质量监测过程和结果公开的基础上，向社会各界提供表达意见和建议的途径，并虚心接受监督，认真分析和汲取监测工作相关方的批评性和建设性意见建议；第五，在开展基本公共服务质量监测工作总结的过程中，积极邀请行业实践管理者和专家学者参与进来，听取他们的专业性意见；第六，将总结所得的

---

① 李行圣. 巢湖市水稻苗情监测工作内容及建议 [J]. 现代农业科技，2023（15）：56-59.

经验做法与心得予以记录和保存，并运用于指导下一阶段的基本公共服务质量监测工作。

5.3 基本公共服务质量监测的配套保障

基本公共服务质量监测是一项程序繁多、资源投入大、耗时长的系统工程，必然需要多方面的配套保障。从实践运行来看，基本公共服务质量监测的配套保障主要包括政策法规保障、组织机构保障和人财物资源保障三个方面。

5.3.1 政策法规保障

基本公共服务质量监测的政策法规保障是战略规划、法律法规、公共政策、管理制度、技术标准等一系列相关规范性文件的集合①。从功能作用的角度看，政策法规不仅为基本公共服务质量监测工作的开展提供了合法依据和行动指南，也对政府部门或第三方机构工作人员的基本公共服务质量监测行为予以约束和规范，同时还塑造了相关主体对基本公共服务质量监测的心理预期。

现阶段，我国基本公共服务质量监测的政策法规保障框架初步形成，政策法规保障体系不断完善。在国家层面，公共服务相关政策法规、质量监测相关政策法规、公共服务与质量监测相结合的政策法规明确了基本公共服务质量监测的主体、目标、范围、技术方法、工作流程、结果应用等，直接或间接地为基本公共服务质量监测提供了制度保障。在地方层面，地方各级政府根据国家政策法规，制定基本公共服务质量监测的指标标准、工作方案，对基本公共服务质量监测工作的开展

---

① 王蓉，赵晴雨. 我国自然科技资源共享机制政策法规保障体系框架研究 [J]. 中国科技论坛，2006（5）：105-109.

发挥了重要的指导作用。

与此同时，已有的基本公共服务质量监测的政策法规保障还存在内容零散、全面性和针对性不强等问题，仍不能有效满足基本公共服务质量监测的实践需求。加强基本公共服务质量监测的政策法规保障，可以从如下多个方面着力：一是从战略规划层面明确基本公共服务质量监测的地位和重要性，加强基本公共服务质量监测工作的顶层设计，加快形成全国层面基本公共服务质量监测的战略行动体系；二是在《中华人民共和国义务教育法》《中华人民共和国公共文化服务保障法》等基本公共服务法律法规中明确质量监测的要求[①]；三是地方各级政府将基本公共服务质量监测工作写入政府工作报告，推进基本公共服务质量监测工作的政府议程；四是在国家、地方和行业性的公共服务政策文件中，考虑设置基本公共服务质量监测的专门篇章，进一步凸显基本公共服务质量监测的重要性；五是将公共服务质量监测文件（如《公共服务质量监测技术指南》）上升为公共政策，用以指导全国性和地方性的基本公共服务质量监测工作；六是鼓励和支持相关部门制定和完善各领域的基本公共服务质量监测标准和技术指南；七是与时俱进推进基本公共服务质量监测各类政策法规的修订完善工作，汲取国内外最新的基本公共服务质量监测经验。

5.3.2 组织机构保障

基本公共服务质量监测的组织机构保障围绕"谁来监测"的问题展开，主要涉及基本公共服务质量监测的领导主体、管理主体、实施主体和责任主体。建设强有力的基本公共服务质量监测组织机构保障，是推动基本公共服务质量监测工作顺利开展的重要条件，也是确保基本公共服务质量监测工作有效开展的核心因素。

---

① 李怡明，刘延金. 我国乡村教育质量监测体系构建 [J]. 西南大学学报（社会科学版），2017（1）：87-93.

从中央和地方的角度看，根据《国家基本公共服务体系"十二五"规划》《"十三五"推进基本公共服务均等化规划》《"十四五"公共服务规划》等公共服务政策文件，国家层面的基本公共服务质量监测主体为国务院及其职能部门，地方层面的基本公共服务质量监测主体为地方各级政府。从全国性和跨区域性的角度看，基本公共服务质量监测需要中央与地方各级政府之间、不同地区政府之间协同行动，共同作为基本公共服务质量监测主体。

加强基本公共服务质量监测的组织机构保障，需要做到以下几个方面：一是坚持党的领导，强化基本公共服务质量监测工作中的党组织建设，充分发挥党组织对基本公共服务质量监测工作的领导决策和统筹协调作用；二是构建"中央政府及其职能部门—地方政府及其职能部门"纵向推进主体体系，明确要求国务院、国务院各有关部门、地方各级政府定期开展全国、本行业和本地区的基本公共服务质量监测工作；三是落实党政领导干部在基本公共服务质量监测中的责任；四是构建横向的政府之间、政府有关职能部门之间，以及纵向的上下级政府及其职能部门之间的基本公共服务质量监测工作协同开展机制；五是鼓励多元主体共同参与基本公共服务质量监测工作，建立健全政府与其他主体在基本公共服务质量监测中的共建共治共享机制；六是梳理基本公共服务质量监测工作的责任链条，落实责任主体，细化任务分工，形成工作合力；七是组建基本公共服务质量监测工作专家咨询组，为政府部门开展基本公共服务质量监测工作提供论证、评议、决策、咨询等方面的意见和建议。

5.3.3　人财物资源保障

人力资源、物力资源和财力资源是开展基本公共服务质量监测工作的基础物质保障。任一方面资源保障的缺失，都会对基本公共服务质量监测工作的开展造成不利影响，甚至导致基本公共服务质量监测工作无法正常开展。

在人力资源保障方面，一是加大基本公共服务质量监测专业人才的培养与培训力度，采取多种方式与途径提升监测人员的业务水平[1]；二是建立基本公共服务质量监测理论和实践指导专家数据库，组建一支相对稳定的专业的基本公共服务质量监测专家人才队伍；三是把工作人员的质量监测知识和技能培训作为基本公共服务质量监测工作开展的必备环节，保障提高基本公共服务质量监测工作人员的综合能力和专业水平；四是积极争取领导干部和管理人员的重视和大力支持，为基本公共服务质量监测工作的开展配备强有力的人才保障。

在物力资源保障方面，一是提供有力的基本公共服务质量监测开展所需的技术平台资源保障，以保证监测数据的搜集、整理、统计、分析等相关活动的顺利开展；二是提供有力的基本公共服务质量监测开展所需的硬件设备资源保障，包括计算机设备、办公设备等；三是提供有力的基本公共服务质量监测开展所需的办公场地资源保障，如专门的技术实验室、数据分析室、资料室、工作室、会议室等。

在财力资源保障方面，一是各级财政部门应当建立专门的财政经费保障机制，为基本公共服务质量监测工作的开展提供充足的经费资源保障；二是由公共部门委托第三方机构开展基本公共服务质量监测工作的，相应经费配备应该充足到位；三是各级政府根据基本公共服务质量监测工作开展的定期性和长期性，建立一种以财政支持为主的长效质量监测经费保障制度[2]。

---

① 刘虹，王光雄. 提升义务教育质量的对策研究：基于 M 省质量监测的结果 [J]. 楚雄师范学院学报，2023（2）：150-155.

② 庞春敏. 关于广东省义务教育质量监测实施困境与对策的思考 [J]. 上海教育评估研究，2016（5）：72-75.

6 基本公共服务质量监测的结果应用与反馈体系

作为"过程型"基本公共服务质量监测体系的"输出"部分，基本公共服务质量监测的结果应用与反馈体系是基本公共服务质量监测的实施与保障体系的"产物"，同时也是对基本公共服务质量监测的要求与标准体系的"回应"。基本公共服务质量监测的结果应用与反馈体系包括三个方面的内容，即基于质量监测结果的基本公共服务质量奖励与问责、基于质量监测结果的基本公共服务质量问题分析、基于质量监测结果的基本公共服务质量反馈与改进。本章围绕基本公共服务质量监测的结果应用与反馈体系的主要内容展开，逐一对基本公共服务质量奖励与问责、基本公共服务质量问题分析和基本公共服务质量反馈与改进的相关理论与实践进行阐述。

6.1 基于质量监测结果的基本公共服务质量奖励与问责

结果应用是基本公共服务质量监测的重要环节之一，与基本公共服务质量问题解决和基本公共服务质量监测目标达成息息相关。基本公共服务质量监测结果应用就是根据基本公共服务质量监测的结果，对基本公共服务的提供组织进行奖励或惩罚。因此，可以把基本公共服务质量监测结果应用分为基本公共服务质量奖励和基本公共服务质量问责两个方面。

6.1.1 基本公共服务质量的"优质奖励"与"进步奖励"

作为基本公共服务质量结果应用的一个方面，基本公共服务质量奖励是指根据基本公共服务质量监测结果，对那些在基本公共服务质量方面表现优异的基本公共服务提供组织进行奖励，以鼓励激发基本公共服务提供组织持续改进基本公共服务质量的机制[①]。一般来讲，基本公共服务质量奖励由上级政府部门或主管公共服务质量工作的行政部门颁发，或授予下级政府部门或其他基本公共服务提供组织来颁发。在奖励周期的设定上，基本公共服务质量奖励周期可以与基本公共服务质量监测结果发布周期保持一致，也可以根据需要自行设定。在奖励形式上，基本公共服务质量奖励包括精神奖励和物质奖励两种形式，如向基本公共服务提供组织及个人颁发"公共服务质量奖"属于精神奖励形式。在奖励程序上，既可以是基本公共服务质量奖励的实施组织主动颁发或授予基本公共服务提供组织，也可以是基本公共服务提供组织自主申报，由基本公共服务质量奖励的实施组织经过评选后颁发或授予。

基本公共服务质量奖励分为两种类型：一种可称为"优质奖励"，即从多个基本公共服务提供组织相互之间的横向比较来看，对那些提供质量水平相对更高的基本公共服务的组织进行奖励；另一种可称为"进步奖励"，即从特定基本公共服务提供组织的纵向自我比较来看，对那些提供质量水平比过去有显著或较大提升的基本公共服务的组织进行奖励。由此而言，一个基本公共服务提供组织，只要比一定范围内其他组织提供更优质的基本公共服务，或者比过去提供了质量更好的基本

---

① 陈朝兵. 基本公共服务质量管理体系的构建与实证研究 [J]. 中共天津市委党校学报，2020（3）：86-95.

公共服务，都可能成为基本公共服务质量奖励的对象①。

基本公共服务质量的"优质奖励"与"进步奖励"产生的影响效应有所不同。就基本公共服务质量"优质奖励"而言，由于它是多个基本公共服务提供组织之间横向竞争和比较的结果，因此该奖励类型的影响效应是通过树立基本公共服务提供组织的"标杆"，促使其他基本公共服务提供组织向"标杆"看齐和学习，从而改善自身所提供的基本公共服务质量。与之不同，基本公共服务质量"进步奖励"比较的是同一个基本公共服务提供组织现今和过去提供的基本公共服务质量水平，因而其影响效应是激励基本公共服务提供组织以自我为竞争对象，努力超越过去的基本公共服务质量水平，最终实现基本公共服务质量水平的提升。

6.1.2　基本公共服务质量奖励的实践考察与机制构建

考察国内外实践可知，基本公共服务质量奖励一般通过设立质量奖的方式开展。质量奖最早产生于企业管理领域，典型的如"日本戴明奖""波多里奇国家质量奖""欧洲质量奖"等②。直到 20 世纪 80 年代末 90 年代初，质量奖开始引入公共部门管理领域，一个显著的标志性事件是英国梅杰政府在 1991 年发布了《英国宪章奖励计划》，并在次年颁发了首个公共部门质量奖。截至目前，"全球约有 50 多个国家和地区设立了质量奖（包含企业管理质量奖和公共服务质量奖）"③。具体到公共服务方面，一些国际组织、国家或地区设立了各具特色的质量奖，如"联合国公共服务奖""欧洲公共部门卓越奖""美国政府创新

---

①　陈振明，耿旭. 中国公共服务质量改进的理论与实践进展 [J]. 厦门大学学报（哲学社会科学版），2016（1）：58-68.

②　陈振明，孙杨杰. 公共服务质量奖的兴起 [J]. 湘潭大学学报（哲学社会科学版）[J]，2014（4）：7-12.

③　陈振明，孙杨杰. 公共服务质量奖的兴起 [J]. 湘潭大学学报（哲学社会科学版）[J]，2014（4）：7-12.

奖""澳洲地方政府品质奖""加拿大卓越公共服务奖"等①。

在我国，2001年中国质量协会设立首个"全国质量管理奖"以来，各地陆续设立质量奖，但这些质量奖大多以企业为授予对象。直到2011年，深圳市龙岗区设立"区长公共服务质量奖"，成为我国在全国范围内设立的第一个公共服务质量奖。此后，将公共服务纳入评选范围的质量奖逐渐增多。比如，2012年深圳市政府决定，社会组织和公共服务组织（暂不含党政机关）都可参加深圳市政府设立的全市最高质量荣誉——市长质量奖的评选②。总体来看，迄今为止，在我国设立的质量奖中，把以政府部门为核心的基本公共服务提供组织纳入奖励对象范围，或者专门针对公共服务设立奖项的仍然很少。

为促进基本公共服务质量奖励的有效实施应用，可着力以下三个方面的机制构建：

第一，构建基本公共服务质量奖励的动力机制。基本公共服务质量奖励实施的动力来源于基本公共服务质量奖励实施方和接受方的行动目标与逻辑。对于基本公共服务质量奖励的实施方而言，实施基本公共服务质量奖励旨在引导、鼓励和支持基本公共服务提供组织不断提升基本公共服务质量水平；对于基本公共服务质量奖励的接受方而言，参与争取基本公共服务质量奖励旨在使自身提供的基本公共服务获得外界肯定和认可。鉴于此，构建基本公共服务质量奖励动力机制的关键在于：一是基本公共服务质量奖励的实施方应由对基本公共服务质量承担主要责任的政府公共部门来充当，当然，也可由政府授权、具有公信力的独立第三方机构（如质量协会）来充当；二是确保基本公共服务质量奖励的接受方所获得的基本公共服务质量奖励具有较高的公信力、知晓度和认可度。

<hr />

① 陈振明，耿旭. 公共服务质量管理的本土经验：漳州行政服务标准化的创新实践评析 [J]. 中国行政管理，2014（3）：15-20.

② 甘霖. 市长质量奖覆盖面扩大 [N]. 深圳特区报，2012-04-13（A03）.

第二，构建基本公共服务质量奖励的运行机制。首先，要明确基本公共服务质量奖励的对象范围。在特定的基本公共服务质量奖励中，基本公共服务质量奖励的对象总是有界限的，因而必须对其加以明确界定。其次，要明确基本公共服务质量奖励的条件。明确基本公共服务质量奖励的条件，为判断可以奖励哪些基本公共服务提供组织或不奖励哪些基本公共服务提供组织提供依据。再次，要明确基本公共服务质量奖励的方式。基本公共服务质量奖励一般通过设立质量奖的方式实施。最后，要明确基本公共服务质量奖励的程序。基本公共服务质量奖励的程序一般可划分为奖励实施方公布奖励要求与条件、奖励对象提出申请、奖励实施方组织评审、奖励实施方公布评审结果、奖励实施方向获得奖励的对象颁发奖励①。

第三，构建基本公共服务质量奖励的保障机制。在制度保障方面，要通过法律、法规、规章、政策等对基本公共服务质量奖励进行规定，明确基本公共服务质量奖励的对象、方式、条件、程序等，以此为基本公共服务质量奖励提供相应的制度支持。在组织保障方面，要明确基本公共服务质量奖励的实施组织及其地位，尤其要积极争取组织中高层领导或"一把手"的重视，以此为基本公共服务质量奖励提供关键性的组织支持。在资源保障方面，要明确基本公共服务质量奖励所涉及的资金费用、人员队伍、硬件设施等，确保实施基本公共服务质量奖励所需的各类资源能够得到保证，以此为基本公共服务质量奖励提供不可或缺的资源支持。

6.1.3 基本公共服务质量的"同体问责"与"异体问责"

基本公共服务质量问责是指根据基本公共服务质量监测的结果，对那些提供质量水平严重偏低或长期偏低的基本公共服务的组织实施问

---

① 这里的基本公共服务质量奖励程序参考了我国国家质量奖的实施程序。

责，以督促基本公共服务提供组织采取措施提升基本公共服务质量水平的机制①。与基本公共服务质量奖励相同，基本公共服务质量问责的根本目的是促使基本公共服务提供组织提升基本公共服务的质量水平。所不同的是，基本公共服务质量奖励遵循的是"正向"促进的逻辑，而基本公共服务质量问责遵循的是"反向"促进的逻辑。

从问责对象来看，基本公共服务质量问责的对象是提供基本公共服务的各类组织。当公共部门作为基本公共服务的直接提供主体时，它自然成为基本公共服务质量问责的对象。当企业、社会组织作为基本公共服务的直接提供主体时，由于其受公共部门的委托或外包才提供基本公共服务，故此种情况下公共部门才是基本公共服务的最终责任主体，相应地也应被确立为基本公共服务质量的问责的对象②。从问责范围来看，基本公共服务质量问责的范围主要包括两种：一种是根据基本公共服务质量监测结果，发现基本公共服务提供组织所提供的基本公共服务质量水平严重偏低，体现为基本公共服务的客观质量严重不符合制定的质量标准，或者基本公共服务的主观质量引起了社会公众的极度不满意；另一种是根据基本公共服务质量监测结果，发现基本公共服务提供组织所提供的基本公共服务质量长期处于低水平状态，这说明基本公共服务提供组织并未针对过去提供的基本公共服务低质量状况做出实质性的改进和提升努力。从问责程序来看，基本公共服务质量问责的程序大致如下：首先，根据基本公共服务质量监测结果，确定基本公共服务质量问责对象；其次，对基本公共服务质量问责对象展开深入调查，进一步确定基本公共服务质量责任的承担部门、单位与人员；再次，基本公共服务质量问责主体需依据相关法律法规规定，对责任对象做出问责决定；最后，基本公共服务质量问责主体依据所做出的问责决定，责令问

---

① 胡春艳，刘碧华. 国外社会问责研究综述：影响因素的考察 [J]. 行政论坛，2016 (4)：103-108.

② 当然，由于公共部门与企业、社会组织之间可能存在如委托与被委托、购买与被购买此类的关系，因此公共部门可向企业或社会组织发起问责。

责对象承担相应责任后果，并督促其采取措施以提升基本公共服务质量水平。

按照问责主体与问责对象的关系，基本公共服务质量问责可以分为两种类型：一种可称为"同体问责"，即基本公共服务质量问责主体与问责对象同属于行政系统，如上级行政部门对下级行政部门的问责，或者主管公共服务质量管理工作的行政部门对提供基本公共服务的行政部门的问责；另一种可称为"异体问责"，即由行政系统之外的其他主体对提供基本公共服务的行政部门的问责，如国家权力机关、司法机关，以及新闻媒体、社会公民对提供基本公共服务的行政部门的问责。比较而言，基本公共服务质量问责的"同体问责"具有监督内容熟悉度高的优势，但由于是内部问责，因而其效力并不被广泛看好①。与之不同，基本公共服务质量问责的"异体问责"可能存在问责机关工作缺位或虚化的劣势，但能在激活民意主导的问责形式、灵活启动问责时间、多元化问责形式、保障问责权威性与独立性、长期跟踪问责结果和保障问责效果等方面具有突出的优势。综上，要提高基本公共服务质量问责的水平，应当将"同体问责"与"异体问责"两种问责方式有机结合，实现优势互补，切实督促基本公共服务提供组织履行基本公共服务质量责任和提高基本公共服务质量水平。

6.1.4　基本公共服务质量问责的双重逻辑与实现机制

为什么要实施基本公共服务质量问责？这与基本公共服务质量问责背后的理论逻辑和实践逻辑密不可分。从理论逻辑上讲，法国学者狄骥把公共服务界定为："公共服务就是指那些政府有义务实施的行为。"②《国家基本公共服务体系"十二五"规划》明确规定："享有基本公共

---

① 椿桦. 人大主导问责才有持久效力[EB/OL]. (2008-09-25)[2024-05-10]. https://news.ifeng.com/opinion/200809/0925_23_803420.shtml.

② 高传胜. "十四五"时期推进非基本公共服务高质量发展研究[J]. 经济研究参考, 2021(1)：16-30.

服务属于公民的权利，提供基本公共服务是政府的职责。"由此可见，向社会公众提供高质量的基本公共服务，既是保障公民权利的基本要求，又是政府履行职责的重要体现。基于这一点，当政府提供的基本公共服务的质量严重不能满足社会公众的质量要求时，其应当受到来自社会公众和国家机关的问责。从实践逻辑上讲，实施基本公共服务质量问责对于基本公共服务提供组织而言，无疑构成了一种压力机制、倒逼机制和促进机制，有利于促进基本公共服务提供组织提升基本公共服务质量水平。反过来，如果基本公共服务质量问责机制缺失，将对那些提供高质量水平的基本公共服务提供组织不公平，也不利于整体基本公共服务质量水平的提升。

促进基本公共服务质量问责在实践中有效操作与运行，需要努力构建如下三种机制：

第一，构建基本公共服务质量责任的确立机制。实施基本公共服务质量问责的基本前提是明确基本公共服务质量责任包括哪些内容以及由谁承担。一方面，要明确基本公共服务质量责任的基本构成。根据基本公共服务质量管理的全周期过程，基本公共服务质量责任可分为基本公共服务质量决策责任（包括质量要求获取责任、质量政策制定责任和质量策划责任）和基本公共服务质量控制责任（包括质量标准制定责任、质量系统设计责任和质量形成责任）。另一方面，要明确基本公共服务质量责任的具体承担者。一般来讲，基本公共服务质量决策责任的承担者是基本公共服务提供组织的上级组织或者其内部的领导层部门，基本公共服务质量控制责任的承担者是基本公共服务提供组织的管理层和执行层部门。

第二，构建基本公共服务质量责任的追究机制。基本公共服务质量责任的追究是基本公共服务质量问责的手段与核心。首先，要明确质量责任追究的对象，对承担责任的基本公共服务提供组织、部门、单位及人员追究质量责任。其次，要明确质量责任追究的内容。其主要包括基本公共服务质量严重偏低和长期未做实质性改进两类。再次，要采取适当的质量责任追究方式和方法，使教育与惩罚两种主要的质量责任追究方式、方法在基本公共服务质量追究中得到配合使用。最后，要遵循规定的质量责任追究程序。该程序包括确定质量责任追究对象、对质量责任追究对象开展调查、做出质量责任追究决定、实施质量责任追究几个环节，以确保基本公共服务质量追究的法治化和规范化。

第三，构建基本公共服务质量责任的履行机制。基本公共服务质量问责的目的并非责任追究，而是促进基本公共服务提供组织积极主动履行基本公共服务质量责任，督促基本公共服务提供组织采取切实举措提高基本公共服务质量水平。基本公共服务质量责任的履行贯穿于基本公共服务质量管理的全过程。在基本公共服务质量决策环节，有关单位要努力形成质量决策过程透明化、质量决策程序规范化、质量决策结果公开化、质量决策责任明晰化的质量决策体系，以保障基本公共服务质量决策的民主化、科学化和合理化。在基本公共服务质量控制环节，有关单位要将基本公共服务质量控制责任分解，并落实到不同部门、机构及人员，同时着力提高不同部门、机构及人员的质量控制责任履行能力，以保障基本公共服务质量控制符合基本公共服务质量目标、要求和标准，最终实现基本公共服务质量的达标。

6.2 基于质量监测结果的基本公共服务质量问题分析

要发挥质量监测工具助推基本公共服务质量改进和提升的功能作用，就需基于质量监测结果开展基本公共服务质量问题分析。基本公共服务质量问题分析的实质是"通过数据找出问题"[①]，即通过基本公共

---

① 闫勇，陈丽，龙晶. 浅谈农产品质量安全风险的监测和评估 [J]. 农业开发与装备，2018 (2)：154.

服务质量监测数据，识别和查找基本公共服务质量存在的问题，并诊断产生基本公共服务质量问题的原因。

6.2.1 问题识别及成因诊断：基本公共服务质量问题分析的二维目标

开展基本公共服务质量问题分析有两个基本目标：一是识别和查找基本公共服务质量存在的问题，二是诊断基本公共服务质量问题背后的成因。这两个目标之间是递进的关系，即只有先找到基本公共服务质量存在的问题，才能进一步诊断分析基本公共服务质量问题背后的成因。

针对识别和查找基本公共服务质量问题这一目标，基本公共服务质量问题分析涉及的主要内容包括：第一，主客观质量及不同服务领域的基本公共服务质量问题。从总体上看，基本公共服务质量问题分为基本公共服务客观质量问题和基本公共服务主观质量问题，这也与基本公共服务质量监测的专业监测模式和公众监测模式相对应。因此，有关单位首先需要识别和查找基本公共服务质量问题在客观质量和主观质量两个方面的分布。与此同时，基本公共服务的客观质量问题和主观质量问题分布在不同的基本公共服务领域中，即基本公共教育、基本劳动就业创业、基本社会保险、基本医疗卫生、基本社会服务、基本住房保障、基本公共文化体育、残疾人基本公共服务中都可能存在相应的客观质量问题和主观质量问题，因此需要对不同领域基本公共服务的质量问题进行识别和查找。第二，跨时段变化中的基本公共服务质量问题。有关单位须将一个时段内定期和连续开展的多次基本公共服务质量监测数据进行比较，分析主客观质量及不同服务领域的基本公共服务质量的变化情况，从中识别和查找跨时段变化中的基本公共服务质量问题[①]。第三，基本公共服务质量问题的性质与程度。根据基本公共服务质量监测数

---

① 钱明霞，江玉凤. 数据驱动本科教学质量监测：基本逻辑与困境突破 [J]. 教育理论与实践，2023（15）：51-55.

据，有关单位须按照问题的轻重缓急等对基本公共服务质量问题的性质和程度进行精细研判，并将最终识别和查找出的基本公共服务质量问题进行区分对待。

针对诊断基本公共服务质量问题的成因这一目标，基本公共服务质量问题分析涉及的主要内容包括：第一，基本公共服务质量问题成因的层次性。通过不同层级的基本公共服务质量监测指标的监测数据，有关单位可以更准确地找出主客观质量及不同服务领域的基本公共服务质量问题背后的成因；通过更细的基本公共服务质量监测指标，可以找到产生基本公共服务质量问题的更具体的原因。第二，基本公共服务质量问题成因分析的局限性。基本公共服务质量监测数据反映的是基本公共服务质量形成的结果，而不能反映基本公共服务质量形成的过程。因此，有关单位通过分析基本公共服务质量监测数据，虽然可以识别和查找哪些基本公共服务领域以及特定基本公共服务领域的哪些指标存在着质量问题，但无法从基本公共服务质量形成的过程中找到更深层次的原因[1]。第三，基本公共服务质量问题成因的单一性和关联性。围绕特定基本公共服务领域，有关单位可以从该基本公共服务领域的具体监测指标诊断质量问题的原因，但还需回归基本公共服务质量形成的过程，找到产生不同基本公共服务领域质量问题的关联性原因。

6.2.2 总体问题与分支问题：基本公共服务质量问题识别的基本思路

如何通过基本公共服务质量监测数据对基本公共服务质量存在的问题加以识别？一种思路是，按照基本公共服务质量监测指标所对应的监测数据的内在层次结构，分别识别基本公共服务质量的总体问题和分支问题。其中，基本公共服务质量的总体问题是指基本公共服务整体质

---

① 李高帅，刘祖源. 公共服务质量监测的新理念、新技术和新举措 [J]. 中国质量，2022（8）：41-46.

量、基本公共服务客观质量、基本公共服务主观质量、不同基本公共服务领域质量等面上存在的质量问题；基本公共服务质量的分支问题是指构成基本公共服务的客观质量、主观质量、特定服务领域质量的具体指标所对应的质量问题。

对于基本公共服务质量总体问题的识别，具体分为如下几种情况①：一是对基本公共服务整体质量问题的识别。根据基本公共服务质量综合监测模式所得的基本公共服务质量监测数据，有关单位可以对基本公共服务整体质量问题进行识别。二是对基本公共服务客观质量问题的识别。根据基本公共服务质量专业监测模式所得的基本公共服务质量监测数据，有关单位可以对基本公共服务的客观质量问题进行识别。三是对基本公共服务主观质量问题的识别。根据基本公共服务质量公众监测模式所得的基本公共服务质量监测数据，有关单位可以对基本公共服务的主观质量问题进行识别。四是对不同基本公共服务领域质量的问题识别。根据不同基本公共服务领域的质量监测数据，有关单位可以对不同基本公共服务领域的质量问题进行识别。

对于基本公共服务质量分支问题的识别，具体分为如下情况②：一是对基本公共服务客观质量的分支问题的识别。在基本公共服务质量专业监测模式中，根据不同基本公共服务领域的监测数据，或者体现不同基本公共服务客观质量特性（如适应性、安全性、公益性、效率性和便捷性）的监测数据，有关单位可以对基本公共服务客观质量的分支问题进行识别。二是基本公共服务主观质量分支问题的识别。在基本公共服务质量公众监测模式中，根据不同基本公共服务领域的监测数据，或者体现不同基本公共服务客观质量特性（如适应性、安全性、公益性、效率性和便捷性）的监测数据，有关单位可以对基本公共服务主

① 张行，董荣果，张亮，等. 基于知识图谱的质量问题知识库建设研究［J］. 中国标准化，2022（17）：178-181.

② 刁家久. 如何厘清质量问题［J］. 企业管理，2016（2）：23-25.

观质量的分支问题进行识别。三是对特定基本公共服务领域质量分支问题的识别。根据各个基本公共服务领域构成指标所对应的监测数据，我们可以对特定基本公共服务领域的质量分支问题进行识别。

6.2.3　质量问题追溯：基本公共服务质量问题成因诊断的有效方法

在识别和查找出基本公共服务质量问题之后，就需要对基本公共服务质量问题背后的成因进行诊断，从而为制定有针对性的解决方案提供可靠的依据。在企业产品和服务质量管理实践中，质量问题追溯是一种常用的诊断质量问题的方法[①]。质量问题追溯方法的基本原理是，对产品或服务质量形成的每一个流程和要素实行全周期、全方位的溯源，以确保能够精准有效地识别产生质量问题的原因[②]。基本公共服务质量的形成与一般的服务质量的形成具有共通性，因而可以引入质量问题追溯方法指导基本公共服务质量问题成因的诊断分析。

从基本公共服务质量监测数据入手，可以对基本公共服务质量问题的成因进行表层化追溯。这是因为，基本公共服务质量监测指标的层级关系决定了基本公共服务质量监测数据的内在层级性。因而，对于基本公共服务质量的总体问题，包括基本公共服务整体质量、基本公共服务客观质量、基本公共服务主观质量、不同基本公共服务领域质量等面上存在的质量问题，我们可以通过其构成指标所对应的监测数据，查找出问题的成因。以基本劳动就业创业领域的主观质量问题为例，有关单位可以通过就业信息（如信息发布的及时性、咨询渠道的通畅性）、就业技能（如技能培训的有效性）、人才招聘会（如招聘会的针对性）、人事档案挂靠（如服务程序的便利性）等各项指标的得分数据，分析出基本劳动就业创业领域中出现的主观质量问题的原因。

---

① 张慧，周云帆. 大数据技术在农产品质量追溯领域的应用研究 [J]. 食品安全导刊，2022（8）：170-172.

② 邓瑜. 发达国家农产品质量追溯及其对我国的启示 [J]. 商业经济研究，2017（22）：117-119.

但是，前文分析指出，仅通过基本公共服务质量监测数据这一结果性数据，并不能诊断出产生基本公共服务质量问题的深层次原因。只有回归到基本公共服务提供过程，也即基本公共服务质量形成过程，才能从"过程"的角度诊断产生基本公共服务质量问题的深层次原因，而这也正是质量问题追溯方法的应用价值所在。

具体来讲，在基本公共服务提供过程中，有关单位应用质量问题追溯方法诊断基本公共服务质量问题的操作过程如下：首先，要明确基本公共服务质量问题的具体归属，如基本公共服务整体质量、基本公共服务客观质量、基本公共服务主观质量、不同基本公共服务领域质量等不同方面的质量问题。其次，对特定基本公共服务质量问题所对应的基本公共服务质量形成过程进行分解；明确其质量特性、形成环节、影响因素等。再次，按照基本公共服务质量形成原理，即基本公共服务质量特性满足相关要求的程度，找出何种质量特性（或何种监测指标）在满足何种要求（包括相关规定要求和社会公众要求）上存在差距的程度。最后，基于上述分析，诊断基本公共服务质量问题的各类成因并按照其影响程度进行排序或分类。以基本劳动就业创业领域的主观质量问题为例进行说明：首先，可以明确质量问题的归属是基本劳动就业创业服务的主观质量；其次，对基本劳动就业创业服务主观质量的质量特性（如及时性、便捷性、有效性、针对性等）、形成环节（如政策制定、信息发布、服务活动、考核评估等）、影响因素（如信息、政策、技术、平台、培训会、招聘会等）进行分解；再次，对基本劳动就业创业服务主观质量的及时性、便捷性、有效性、针对性等质量特性满足社会公众要求的"差距"进行评估；最后，根据诊断评估的结果，诊断得出产生基本劳动就业创业服务主观质量问题的原因。

6.3 基于质量监测结果的基本公共服务质量反馈与改进

监测主体将基本公共服务质量监测结果反馈给基本公共服务提供主体，由其改进基本公共服务质量，这不仅是基本公共服务质量监测闭环管理的重要内容，而且是达成基本公共服务质量监测目标的关键要求。针对质量监测反馈的质量问题，基本公共服务提供主体可以将服务质量差距模型作为改进基本公共服务质量的重要工具，同时将分类整改与持续追踪确立为改进基本公共服务质量的两种重要机制。

6.3.1 基本公共服务质量反馈的目标定位与关键环节

基本公共服务质量反馈是指监测主体将通过基本公共服务质量监测搜集的数据和分析诊断的结果信息反馈给基本公共服务提供组织及其工作人员的过程。它是基本公共服务质量改进的必要条件[①]。由于基本公共服务质量监测主体与基本公共服务提供主体在大多数情况下并不一致，因而基本公共服务质量反馈发挥着连接基本公共服务质量监测主体与基本公共服务提供主体的桥梁作用。

基本公共服务质量反馈发生在基本公共服务质量监测数据搜集和分析工作完成之后，其目标定位包括两个方面：一是将通过基本公共服务质量监测获得的信息，以合适的方式反馈给基本公共服务提供主体，并帮助其准确理解和把握基本公共服务质量监测结果的相关数据和信息；二是跟踪基本公共服务提供主体利用质量反馈信息改进基本公共服务质量的过程，并在基本公共服务提供主体解决质量问题和改进质量水平的过程中提供可能的帮助和指导。

---

① 王辉，张小诗，刘海军. 高校人才培养质量反馈机制建构 [J]. 现代教育管理，2011 (11)：38-40.

根据绩效反馈的理论知识①，我们可以认为基本公共服务质量反馈的关键环节包括：第一，明确基本公共服务质量反馈目标。基本公共服务质量反馈目标对基本公共服务质量反馈的实施提出了方向性的要求，因而首先需要确立基本公共服务质量反馈的目标。基本公共服务质量反馈的目标既可以简单设计为向基本公共服务提供主体反馈基本公共服务质量监测的信息数据，也可以将跟踪基本公共服务提供主体利用质量反馈信息改进基本公共服务质量的过程纳入进来。第二，整合基本公共服务质量反馈内容。基本公共服务质量反馈的内容并不仅是基本公共服务质量监测的结果性数据，而是包含了基于基本公共服务质量监测结果数据分析得出的基本公共服务的质量变化动态、质量问题以及产生质量问题的原因等。将这些基本公共服务质量数据和信息以特定的方式加以整合，有助于增强基本公共服务质量反馈的效果。第三，选择基本公共服务质量反馈方式。基本公共服务质量反馈的方式包括书面报告、会议面谈、电话通知、邮件通知等。不同的基本公共服务质量反馈方式对基本公共服务质量反馈效果的影响存在差异。相较于电话通知和邮件通知，书面报告和会议面谈更为正式和规范，能够引起作为反馈对象的基本公共服务提供主体的更高程度的重视，有利于取得更好的基本公共服务质量反馈效果。第四，评价基本公共服务质量反馈效果。基本公共服务质量反馈效果的根本评价标准是基本公共服务质量问题的解决和质量水平的提升。因此，仅将基本公共服务质量监测的数据和信息反馈给基本公共服务提供主体是不够的，还应当跟踪基本公共服务提供主体解决基本公共服务质量问题和改进基本公共服务质量的过程，确保基本公共服务质量反馈目标的最终达成。

---

① 杨治，肖晶. 绩效反馈理论演进脉络与研究展望 [J]. 管理学报，2023（10）：1565-1578.

6.3.2 服务质量差距模型在基本公共服务质量改进中的应用

根据前文分析，要解决基本公共服务质量问题、改进基本公共服务质量，关键是要回到基本公共服务质量问题形成的过程环节与影响因素。对此，服务质量差距模型提供了一种基本公共服务质量改进的有效思路与路径。

服务质量差距模型（5GAP 模型）是由美国学者帕拉休拉曼、赞瑟姆和贝利等提出的用以分析质量问题产生原因的经典理论模型[1]。该理论模型认为，服务质量问题是五种服务质量差距作用的结果。这五种质量差距分别是：顾客期望与管理认知差距、管理认知与服务质量规范差距、服务质量规范与服务交付差距、服务交付与外部沟通差距、顾客期望服务与感知服务差距。其中，最后一种差距是前四种差距综合作用的结果。针对影响质量差距的因素采取解决措施，可以有效弥合各种质量差距，最终实现服务质量水平的提升。

借鉴服务质量差距理论，我们可以将基本公共服务质量问题产生的五种质量差距分解为：公众期望服务与政府理解服务之间的差距、政府理解服务与服务标准制定之间的差距、服务标准制定与服务实际交付之间的差距、服务实际交付与服务宣传沟通之间的差距、公众感知服务与公众期望服务之间的差距。我们可以发现，这五种基本公共服务质量差距与基本公共服务提供的需求获取、服务决策、服务交付等过程环节紧密契合。

从五种基本公共服务质量差距入手，可以得到基本公共服务质量改进的基本思路与路径[2]。

其一，公众期望服务与政府理解服务之间的差距的产生原因与弥

---

① PARASURAMAN A, ZEITHAML V A, BERRY L L. A conceptual model of service quality and its implications for future sesearch [J]. Journal of marketing, 1985 (4)：41-50.

② 完颜邓邓，张燕南. 公共数字文化服务质量提升策略：服务质量差距模型视角 [J]. 图书馆学研究，2019 (14)：77-81.

合。针对政府在基本公共服务需求获取环节可能存在的对公众需求导向的重视度不够、缺乏构建有效的公众需求表达机制、决策者与一线工作人员之间信息互通不畅等，有关单位采取相应的解决措施，可以弥合公众期望服务与政府理解服务之间的差距。

其二，政府理解服务与服务标准制定之间的差距产生的原因与弥合。针对政府在基本公共服务决策环节可能存在的对公众需求回应性不够、标准体系不健全、标准理解与认同偏差等，有关单位采取相应的解决措施，可以弥合政府理解服务与服务标准制定之间的差距。

其三，服务标准制定与服务实际交付之间的差距的产生原因与弥合。针对政府在基本公共服务提供环节可能存在的服务人员动机保守与能力有限、服务人员工作懈怠、跨职能和跨层级协同不足等，有关单位采取相应的解决措施，可以弥合服务标准制定与服务实际交付之间的差距。

其四，服务实际交付与服务宣传沟通之间的差距的产生原因与弥合。针对政府在基本公共服务宣传环节可能存在的过度承诺和宣传、与公众沟通交流不畅、政府信息封闭化运行等，有关单位采取相应的解决措施，可以弥合服务实际交付与服务宣传沟通之间的差距。

其五，公众感知服务与公众期望服务之间的差距的产生原因与弥合。公众感知服务与公众期望服务之间的差距是以上四个差距共同作用的结果。有关单位通过对以上四个差距加以弥合，最终能够缩小公众感知服务与公众期望服务之间的差距，从而实现基本公共服务质量水平的提升。

6.3.3 基本公共服务质量改进的分类整改机制与持续追踪机制

应用服务质量差距模型改进基本公共服务质量的优势在于，可以深入基本公共服务质量形成的过程环节，同时实现基本服务质量改进的"广度"和"深度"。以此为基础，要进一步确保基本公共服务质量改进的效果，还应该针对基本服务质量问题的多样性、复杂性和反复性特征，着力构建基本公共服务质量改进的分类整改机制与持续追踪机制。

一是基本公共服务质量改进的分类整改机制。基本公共服务质量问题及其原因的多样性和复杂性特征，决定了改进基本公共服务质量的核心机制之一是分类整改。所谓分类整改机制，就是对基本公共服务质量问题及其原因按照一定的标准进行分类，并针对各类基本公共服务质量问题及其原因采取富有针对性的改进策略，从而提升基本公共服务质量水平①。具体来讲，分类整改主要有如下操作路径：一种是按照基本公共服务的客观质量问题和主观质量问题进行分类整改。其中，客观质量问题整改侧重于从基本公共服务的相关规定要求出发，审视基本公共服务的供给内容与供给过程，找出其中的差距以及原因，进而采取相应的改进策略；主观质量问题整改侧重于从基本公共服务的社会公众要求出发，审视基本公共服务的供给内容与供给过程，找出其中的差距以及原因，进而采取相应的改进策略。另一种分类整改方式是按照基本公共服务的不同质量特性进行。比如，分别对基本公共服务的适应性、安全性、公益性、效率性、便捷性等不同质量特性满足相关规定要求和社会公众要求的程度进行审视，找出各种质量特性在满足质量要求上的差距及其原因，进而采取相应的改进策略。还有一种分类整改方式是按照基本公共服务的不同供给阶段进行。从基本公共服务供给的需求表达、决策制定、服务交付、结果评估等不同阶段出发，找出各阶段存在的基本公共服务质量问题及其原因，进而采取相应的改进策略。

二是基本公共服务质量改进的持续追踪机制。基本公共服务质量问题及其原因的反复性特征，决定了基本公共服务质量改进不可能毕其功于一役，而是应该建立持续追踪机制。所谓持续追踪机制，是指针对基本公共服务质量改进的效果进行跨时段、连续性的评估和跟进，确保基

---

① 熊国华. 质量改进管理信息系统的设计与应用 [J]. 机械工业标准化与质量, 2015 (4)：44-48.

本公共服务质量问题得到实质性解决、基本公共服务质量水平得到切实提高，最终达到基本公共服务质量改进目标的过程①。具体来讲，持续追踪主要有如下操作路径：第一，评估基本公共服务质量改进的效果。在基本公共服务质量改进之后，有关单位采用评估的手段保持对基本公共服务质量改进效果的关注，确保基本公共服务质量改进效果的稳定性和持续性。第二，设立专门的持续追踪工作小组。基本公共服务质量改进的持续追踪应当由专门的组织机构和工作人员来完成，避免因工作重心的转移而忽视基本公共服务质量改进的效果追踪。第三，制定基本公共服务质量持续改进的制度规范。从制度规范的角度入手，有关单位把基本公共服务质量持续改进纳入基本公共服务质量监测和管理的范围，为基本公共服务质量改进的持续追踪提供制度依据和指引。第四，动态整改基本公共服务质量持续改进中的问题。在持续追踪基本公共服务质量改进效果的过程中，针对发现的各类问题，有关单位要加以分析和处理，使基本公共服务质量问题处于受控状态，确保基本公共服务质量改进效果不退步、不反弹②。

---

① 余天佐，蒋建伟，任锐，等.基于工程教育认证标准的持续质量改进：以 Z 大学全国示范性软件工程专业为例［J］.清华大学教育研究，2015（6）：104-111.

② 赵建坤，胡成林.质量管理方法和工具的应用效果亟待提升［J］.中国质量，2019（1）：36-37.

7 基本公共服务质量监测体系的案例实证——以成都市为例

本章采取案例实证研究的方法，选取全国统筹城乡综合配套改革试验区——成都市的村级基本公共服务质量监测体系作为实证个案①，为了实现两个方面的目的：一是对本书构建的"过程型"基本公共服务质量监测体系进行叙事性解释和说明；二是以本书构建的"过程型"基本公共服务质量监测体系作为参照对象，对成都市村级基本公共服务质量监测体系加以分析，指出其存在的问题，并从政策层面提出相应的对策建议。

之所以选择成都市村级基本公共服务质量监测体系作为本书所做研究的实证个案，与其本身所具有的代表性和典型性是分不开的。成都市是国家发展和改革委员会在 2007 年 6 月批准设立的全国统筹城乡综合配套改革试验区，近 20 年来，围绕城乡一体化和基本公共服务均等化做出了大量实践探索。其中，作为成都市农村工作"四大基础工程"②

---

① 需要说明的是，笔者所选取的成都市个案，其改革实践并未以"村级基本公共服务质量监测体系"命名，也没有出现"基本公共服务质量监测"的类似提法。事实上，国内几乎不存在这方面的实践案例提法。不过，深入分析可以发现，基本公共服务质量监测与实践中广泛开展的基本公共服务满意度评价、基本公共服务绩效评估、基本公共服务均等化、基本公共服务标准（化）、基本公共服务高质量发展等实践密切相关，尽管后者不可能完全反映和代表前者。正是基于这一意义，笔者选取了在基本公共服务改革方面有着卓越探索表现的成都市作为个案，试图从中分析出其所探索的村级基本公共服务质量监测体系建设实践，进而达成本研究的实证目的。

② 成都农村工作"四大基础工程"是指农村新型基层治理机制建设、农村产权制度改革、农村土地综合整治，以及村级公共服务和社会管理改革。

之一的村级公共服务和社会管理改革，围绕提高农村基本公共服务供给和管理水平、进而缩小城乡基本公共服务差距这一目标，探索构建了颇具创新价值和鲜明特色的村级基本公共服务质量管理体系①。而作为该体系的重要组成部分，质量监测占据了重要地位。特别是 2017 年 8 月，成都市在全国率先成立市委城乡社区发展治理委员会，针对村级基本公共服务开展了一系列质量监测实践探索，进一步丰富了成都市村级基本公共服务质量监测体系的内容②。因此，可以认为成都市村级基本公共服务质量监测体系在全国范围内具有较强的代表性和典型性。

本章关于成都市案例的资料数据主要来源于政府统计机构公布的统计年鉴与统计数据，政府公开发布的政策文件，相关机构发布的调查报告，政府"一官两微"、新闻媒体等发布的相关文章，学术研究文献，以及广泛存在于各种报纸、杂志、图书、广播、电视中的数据资料。基于通过以上途径获取的资料数据，本章力图系统、全面、详尽、客观地呈现成都市村级基本公共服务质量监测体系的构建与实践状况，从而为本书所构建的"过程型"基本公共服务质量监测体系的实证提供可靠的经验依据和现实支撑。

7.1 成都市"过程型"村级基本公共服务质量监测体系构建的背景与历程

成都市村级基本公共服务质量监测体系是村级基本公共服务质量管理体系的一个有机组成部分，其构建过程总体是在成都市统筹城乡经济社会发展、推进城乡一体化和基本公共服务均等化的改革探索实践进程

---

① 陈朝兵. 基本公共服务质量管理体系的构建与关键环节研究 [M]. 北京：中国社会科学出版社，2020：222.

② 钟文. 保持定力纵深推进社区发展治理 [N]. 成都日报，2019-10-15 (1).

的历史背景下完成的，特别是与作为农村工作"四大基础工程"改革之一的村级公共服务和社会管理改革深度融合，因此，透过成都市统筹城乡综合改革中的村级公共服务和社会管理改革，可以梳理出成都市村级基本公共服务质量监测体系的构建历程。

7.1.1　构建背景

成都市村级基本公共服务质量监测体系的构建发生在成都市统筹城乡综合改革的历史大背景之下，与成都市推进的城乡公共服务一体化和基本公共服务均等化改革、成都市村级公共服务和社会管理改革等密切相关。

首先，成都市是四川省省会、副省级市，是我国西部地区特大城市，具有典型的"大城市带大农村"特征。从城市与农村发展来看，"尽管中心城区的发展水平较高，但总体上离现代化还有较大距离，特别是占全市60%的丘陵地区和山区发展缓慢、贫穷落后，城乡差距明显"①。纵观改革开放以来的发展，成都市城市居民家庭人均可支配收入与农村居民人均纯收入的差距从1980年的1.77：1上升到2003年的2.64：1②。面对这一基本市情，成都市从21世纪初起，便开启了统筹城乡经济社会发展、推进城乡一体化和基本公共服务均等化的改革探索实践进程。2007年6月，成都市经国家发展和改革委员会正式批准设立为全国统筹城乡综合配套改革试验区，由此开启了以"三个集中""六个一体化"、农村工作"四大基础工程"为主要内容的统筹城乡综合改革工作。成都市统筹城乡综合改革包含城乡公共服务一体化和基本公共服务均等化改革、村级公共服务和社会管理改革等重要内容，为成都市村级基本公共服务质量监测体系的构建创造了历史机遇。

---

① 姜晓萍，黄静. 还权赋能：治理制度转型的成都经验 [J]. 公共行政评论，2011 (6)：79-102.

② 周其仁. 还权赋能：成都土地制度改革探索的调查研究 [J]. 国际经济评论，2010 (2)：54-92.

其次，成都市被确立为全国统筹城乡综合配套改革试验区之后，针对城乡之间公共服务发展存在的巨大差距，采取了一系列集中性的改革实践探索。一方面，成都市明确将推进城乡公共服务一体化和城乡基本公共服务均等化确立为公共服务改革的重要目标。另一方面，成都市采取了诸多改革城乡公共服务的政策举措，包括加强城乡基本公共服务均等化的基础建设，如改革户籍制度与农村产权制度、加快农村地区的公共基础设施建设等；改革城乡公共服务管理体制，如建立统筹城乡的部门管理体制、创新面向公共服务均等化的公共服务管理体制、改革基层行政管理体制、加强基层组织的民主化建设、加强基本公共服务的标准化建设等；推进基本公共服务相关制度城乡一体化，如构建城乡一体化的社会救助体系、居民基本医疗保险制度、居民基本养老保险制度、就业政策与就业服务体系等；重塑基本公共服务的供给机制，如革新原有的公共服务供给机制，通过向社会组织购买服务的方式来促进公共服务普惠城乡居民，将信息化作为基本公共服务改革的着力点等；改进公共资源的配置方式，如加大对各项公共服务项目的投入力度，将公共投入向农村倾斜等。整体而言，成都市在统筹城乡综合改革中围绕城乡公共服务的实施所进行的一系列改革，是成都市村级基本公共服务质量监测体系构建的背景。

最后，2008 年 11 月，中共成都市委、成都市人民政府出台《关于深化城乡统筹进一步提高村级公共服务和社会管理水平的意见（试行）》（以下简称《意见》），拉开了成都市村级公共服务和社会管理改革的序幕。根据《意见》，成都市村级公共服务和社会管理改革明确了村级公共服务和社会管理的主要内容，并从健全分类供给机制、经费保障机制、统筹建设机制、民主管理机制和人才队伍建设机制这"五个机制"展开，旨在实现"到 2012 年，城乡统一的公共服务制度建设取得重大进展，农村公共服务和社会管理体系进一步完善，村级公共服务和社会管理水平明显提高，城乡基本公共服务差距显著缩小"和

"到 2020 年，建立城乡统一的公共服务制度，基本实现城乡基本公共服务均等化"。从农村基本公共服务的视角来看，成都市村级公共服务和社会管理改革不仅在目标上提出要完善农村基本公共服务体系、提高农村基本公共服务水平、实现城乡基本公共服务均等化，而且在内容上要求构建城乡统筹的基本公共服务标准体系，健全村级基本公共服务分类供给机制、统筹建设机制、民主管理机制和人才队伍建设机制。这些举措都是成都市村级基本公共服务质量监测体系构建的背景。

7.1.2 构建历程

成都市村级基本公共服务质量监测体系的构建植根于村级公共服务和社会管理改革之中。从整体上看，成都市村级基本公共服务质量监测体系构建历程可划分为以下三个阶段：

第一阶段：以监测标准制定为核心的初始阶段（2008—2012 年）。在成都市村级公共服务和社会管理改革之初，制度设计被放在重要位置，特别是有关村级基本公共服务质量标准的政策文件密集出台。2008年，成都市统筹委印发了《关于印发〈关于重点镇公共服务和社会管理配置标准的指导意见（试行）〉的通知》和《关于印发〈关于村（社区）及新居工程公共服务和社会管理配置标准的指导意见（试行）〉的通知》，分别确定了重点镇"1+17"、村（社区）"1+13"、新居工程"1+11"的公共服务和社会管理配置标准。同年，《成都市人民政府办公厅关于推进全市农村中心幼儿园标准化建设的意见》发布，要求全市 224 个成建制的农村镇（街道）在 2009 年年底前新建或改建一所符合《四川省幼儿园办园基本要求（试行）》的标准化中心幼儿园（含早教中心），以大力推进农村中心幼儿园标准化建设工作，带动农村学前教育的整体发展和教育质量的提升。2009 年，《成都市卫生局成都市财政局关于印发〈成都市城乡基层医疗卫生机构基本公共卫生服务 C 类服务包（试行）〉的通知》发布，明确了农村医疗卫生机构基本公共卫生服务 C 类服务包的内容和标准。2011 年，《成都市人民政府关于构建基层公益性医疗卫生服务体系的意见（试行）》发布，提出对基层公益性医疗卫生服务体系实施统一机构布点规划、统一人力资源配置标准、统一基本服务项目标准和价格、统一药物目录和价格、统一信息化标准建设、统一绩效考核办法、统一投入补偿政策和统一医保报销政策的"八统一"管理。2012 年 5 月，中共成都市委统筹城乡工作委员会（简称"成都市统筹委"）出台了《关于进一步提升重点镇、一般镇、涉农社区及村（农民集中居住区）公共服务和社会管理配置标准的指导意见的通知》，确定了重点镇"1+28"、一般镇"1+27"、涉农社区"1+23"、村（农民集中居住区）"1+21"的公共服务和社会管理配置标准。通过以上整体层面的村级基本公共服务质量标准建设，以及具体层面的农村基础教育、农村医疗卫生服务等方面的质量标准建设，成都市构建起村级基本公共服务质量监测的标准体系，为后续村级基本公共服务质量监测的实施奠定了基础。

第二阶段：以监测模式探索为核心的发展阶段（2013—2017 年）。在市级层面一系列政策文件出台之后，成都市各县（市、区）积极探索村级基本公共服务质量监测的实践模式。其中，一类是针对村级基本公共服务专项资金使用的监督实践模式探索。比如，崇州市探索了纪委全程参与村级公共服务项目专项资金监督模式，强调自上而下对村级公共服务项目专项资金实施监督；邛崃市探索构建了村级公共服务专项资金的项目台账监督模式，强调村级公共服务专项资金使用过程的记录与公示；青白江区探索了规范村级公共服务和社会管理专项资金使用的"四维"举措，强调将资金预算、分类使用、过程监督、意见反馈有机融入村级公共服务项目资金监督的全过程。另一类是针对村级基本公共服务项目的监督评价实践探索。比如，双流县（现为双流区）构建了村级公共服务和社会管理项目的"服务效果由群众说了算"模式，强调农民群众作为村级公共服务项目评价的主体地位；蒲江县构建了村级公共服务项目民主监督的"三上三下"模式，强调基层政府与村组织及民众协同开展村级公共服务监督评价；大邑县形成了一套"分类—扩容—细化"的村级公共服务项目评议验收模式，强调村级公共服务项目监督评价的分类别、参与性和制度化；青白江区红阳街道红峰村探索了村级环境卫生服务联动式督查管理模式，强调基层政府与村组织协同监督，同时利用资金支付方式实现村级公共服务的监督；新津县（现为新津区）袁山社区探索了村级公共服务项目监督评价的"村民自主"模式，强调发挥村级民主评议机制在公共服务项目效果监督评价中的作用。通过以上两类村级基本公共服务监测模式的实践探索，成都市逐步构建起村级基本公共服务质量监测的实施体系，并为后续村级基本公共服务质量监测的结果应用奠定了基础。

第三阶段：以监测结果应用为核心的深化阶段（2018年至今）。2017年8月，成都市成立城乡社区发展治理委员会，推动村级基本公共服务迈向效果评价与结果应用的深化阶段。成都市城乡社区发展治理委员会的核心职能之一是"牵头制定城乡社区发展治理考核标准体系和评价体系并组织实施"，这为村级基本公共服务质量监测的实施和结果应用提供了依据。除了成都市城乡社区发展治理委员会之外，成都市各级党委和政府、村（社区）"两委"以及村（社区）民众等都构成了村级基本公共服务质量监测结果应用的参与主体。比如，2018年以来，彭州市濛阳镇纪委将"民生问题一本清"台账的销账工作作为村级基本公共服务监督与效果改进的机制，不定期跟进村级公共服务工作的改进进度，对村民诉求解决不及时、群众反映不满意的庸政懒政怠政的行为严肃查处。双流县（现为双流区）政府为了督促村级公共服务项目供给方提高质量，引导当地群众制定村级公共服务项目评议标准与办法，并由村民对服务人员、服务效果进行"满意度"评价打分。对于第一次得分在80分以下的，给予一次整改机会，由监督小组与服务人员进行"集体谈话"；对于第二次得分在80分以下的，扣划工程款的 10%~20%；对于第三次得分在 80 分以下的，则取消来年的竞标资格。成都东部新区壮溪镇利用衡量村级公共服务工作水平的社会公众满意度测评数据，开展村级公共服务满意度测评整改工作，包括完善工作制度与提升信息公开水平、丰富公开内容与提升为民服务质效、拓宽公开渠道与创新信息公开形式等。成都市温江区纪委监委开展村级基本公共服务项目资金走访督查，采取部门自查、群众反馈、联动社会诉求中心排查等方式，多渠道、全方位摸排民众"可视""有感"的问题，为提高村级基本公共服务水平保驾护航。通过以上村级基本公共服务质量监测结果应用的实践探索，成都市逐步构建起村级基本公共服务质量监测的结果应用与反馈体系，直接促成成都市村级基本公共服务质量监测体系的整体构建。

7.2 成都市"过程型"村级基本公共服务质量监测体系的构成与内容

成都市实施的村级公共服务和社会管理改革，不仅从政策层面形成了一套村级基本公共服务质量监测标准体系，而且在实践层面探索了形态丰富的村级基本公共服务质量监测模式，同时还吸纳多元主体参与到村级基本公共服务质量监测的结果应用中。这实际表明，成都市在总体上构建了一种"过程型"村级基本公共服务质量监测体系。本节将从"过程型"基本公共服务质量监测的要求与标准体系、实施与保障体系、结果应用与反馈体系三个方面入手，在分别简要概述其理论知识的基础上，结合成都市村级公共服务和社会管理改革的实践做法，对本书所构建的"过程型"基本公共服务质量监测体系进行实证。

7.2.1　村级基本公共服务质量监测的要求与标准体系

基本公共服务质量监测的要求与标准体系对应"过程型"基本公共服务质量监测体系理论框架的"输入"部分。所谓基本公共服务质量监测要求，是指社会公众、政府部门、第三方机构等相关方提出的，用以指导、规范和约束基本公共服务质量监测活动的需求、期望、规则或条件。所谓基本公共服务质量监测标准，是指衡量基本公共服务供给过程及结果中的固有特性满足相关规定要求和社会公众要求程度的依据和准则，表现为一套指标体系及一套基准数据。从构成内容来看，基本公共服务质量监测的要求体系包括基本公共服务质量监测的价值取向要求（包括人本、科学、民主、法治、责任、透明等价值要求）、基本公共服务质量监测的公共政策要求（包括公共服务相关政策、质量监测相关政策和公共服务质量监测相关政策所提出的要求）、基本公共服务质量监测的基本原则要求（包括以人为本、科学合理、系统谋划、民主参与、应用改进和持续定期六个基本原则要求）和基本公共服务质量监测的实践运行要求（包括基本公共服务质量监测的主体、目标、手段、环节、结果、环境等方面）。基本公共服务质量监测的指标与标准体系分为专业监测模式和公众监测模式这两种，它们均包括基本公共教育、基本劳动就业创业、基本社会保险、基本医疗卫生、基本社会服务、基本住房保障、基本公共文化体育和残疾人基本公共服务八个一级指标，但二级指标存在不同：专业监测模式针对的是基本公共服务客观质量，其指标数据来源于政府部门和第三方机构公布的权威统计数据；而公众监测模式针对的是基本公共服务主观质量，其指标数据来源于公众满意度问卷调查。

成都市"过程型"村级基本公共服务质量监测体系中的村级基本公共服务质量监测的要求与标准体系，主要体现为公共政策层面的村级基本公共服务质量监测的要求和标准。在确立农村"四大基础工程"

之一的村级公共服务和社会管理改革之后，成都市陆续出台了一系列涉及村级基本公共服务质量要求和标准的政策文件，从总体上形成了一套村级基本公共服务质量要求和标准体系。

首先，在村级基本公共服务质量监测的要求方面，一是强调以人为本和民主参与，突出村民的监测主体地位，发挥村民参与监测评价的核心作用。如《关于深化城乡统筹进一步提高村级公共服务和社会管理水平的意见（试行）》中提到"由政府组织实施的村级公共服务和社会管理项目，要建立农民群众民主评议制度，由农民群众对项目服务内容、服务方式进行评价，形成依靠农民群众提高公共服务和社会管理水平的长效机制。由政府委托村级自治组织实施的项目，要建立民主监督制度，由农民群众提出建议和批评，对服务水平、服务质量和效果进行监督。由村级自治组织提供的村级公共服务和社会管理项目，实施过程中要建立民主管理制度，由农民群众自主决定自己的事务，建立起维护农民自身权益、化解矛盾纠纷的长效机制。由政府支持、市场主体实施的项目，必须接受农民群众的评议和监督，经有关部门和农民群众检查验收，农民群众满意后，政府方能给予资金支持"。二是注重监测过程的法治程序与公开透明，提高村级基本公共服务质量监测的村民满意度。成都市在实施村级公共服务和社会管理改革的同时，也在探索"政府主导、城乡统筹、还权赋能、村民自主"的新型村级治理机制。新型村级治理机制不仅要求村级基本公共服务质量监测过程规范化、法治化，而且要求村级基本公共服务质量监测评价的相关信息公开透明[①]。三是明确监测工作的不同主体责任导向。《关于深化城乡统筹进一步提高村级公共服务和社会管理水平的意见（试行）》在"八、强化村级公共服务和社会管理的组织领导"部分提到，"各级党委、政府要高度重视农村公共事业发展，制定具体的工作规划和实施意见，将村

---

① 王健，徐睿. 基层社会管理创新中的民生与自治互促共赢策略：成都村级公共服务和社会管理政策的实践与启示 [J]. 社会科学研究，2012（1）：10-16.

级公共服务和社会管理发展纳入目标管理，层层分解落实到乡镇（街道）和村（社区）。市和县（市、区）、乡镇有关职能部门要明确责任，相互配合，增强做好村级公共服务和社会管理工作的合力。村（社区）党支部要切实加强对村级公共服务和社会管理的领导，村（居）民委员会要把主要精力放在抓好村级公共服务和社会管理上来，通过为村（居）民提供优质的服务和管理，不断健全村民自我管理、自我教育、自我服务的村民自治机制"。四是与时俱进更新调整村级基本公共服务质量监测要求。《成都市"十四五"城乡社区发展治理规划》指出要"建立健全基本公共服务监测评价体系，完善考核及反馈机制。按年度更新发布基本公共服务清单白皮书，完善'服务监测—效能评估—动态调整'机制，稳步推进基本公共服务覆盖常住人口""探索社区生活服务'好差评'评价机制和质量认证机制，保障居民服务的表达权、决策权和评价权"，不仅对村级基本公共服务质量监测工作提出了新要求，也为村级基本公共服务质量监测工作指明了新方向。

其次，在村级基本公共服务质量监测领域方面，成都市通过创新村级基本公共服务分类供给机制，从范围上划分了村级基本公共服务质量监测的七大领域，分别是文体类、教育类、医疗卫生类、就业和社会保障类、基础设施和环境建设类、农业生产服务类、社会管理类，并进一步明确了各个领域的村级基本公共服务内容（见表7.1）。

表7.1 成都市村级基本公共服务监测的七大领域

领域	具体内容
文体类	广播电视村村通、电影放映服务、报刊图书阅览服务、文化活动、农民体育健身、文艺演出和展览服务等
教育类	农村义务教育、农村高中阶段教育、农村学前教育、农村特殊教育、农村职业教育、农村成人教育等
医疗卫生类	农村居民基本医疗保险、农村医疗救助、农村基本医疗卫生服务、卫生防疫、农村药品配送和监管、农村妇幼保健等

表7.1(续)

领域	具体内容
就业和社会保障类	农村就业服务和就业援助、农村社会养老保险、农村最低生活保障、农村五保供养、农村受灾群众救助、农村优抚、农村社会福利和慈善、农村老龄服务、农村残疾人服务等
基础设施和环境建设类	农村道路、水利、供水、供电、供气、通信、互联网等基础设施建设和维护，农村沼气池建设，农村垃圾和污水集中处理，农村客运，农村邮政，园林绿化等
农业生产服务类	农业科技推广、动植物疫病防控、农产品流通、农用生产资料供应、农业信息化、种养业良种服务、农业资源与生态保护、农村扶贫开发、农村防灾减灾、农村金融服务等
社会管理类	纠纷调解、农村警务、农村治保、法律咨询、法律援助、代办村民事务、政策宣传、农村食品安全防控、农村土地和规划管理、农村建筑物和构筑物建设管理、农村安全生产监督管理、环境卫生管理等

资料来源：成都村级公共服务普及有了时间表 [J]. 领导决策信息，2008 (47)：22.

最后，在村级基本公共服务质量监测标准方面，成都市围绕整体性的村级基本公共服务和具体领域的村级基本公共服务，建立了具有多重特征的质量标准体系。它具有如下特征：一是具有较强的系统性。有关单位通过制定专门的公共政策文件，既从整体层面明确了村级基本公共服务质量监测标准，又针对特定领域的村级基本公共服务建立了具体标准。二是以专业监测模式（对应客观质量监测）为主，侧重于从硬件设施、数量规模、资源配置等方面制定基本公共服务质量监测的标准。三是兼具顶层设计和实践探索性。成都市村级公共服务和社会管理配置标准的制定走在全国前列，既是对国家标准和地方标准的具体落实，又是立足于成都农村实际情况进行的一次"标准"探索。四是涵盖范围比较全面。该标准不仅涉及农村教育、医疗卫生、劳动就业、养老、文化健身等领域，还涉及公厕、生活垃圾、污水处理、农贸市场、交通出行等方面。五是动态调整性。从 2008 年到 2012 年的短短 4 年时间里，成都市村级基本公共服务质量监测标准便与时俱进做出"升级"调整和更新，以回应和满足广大村民的基本公共服务诉求（见表7.2）。

表 7.2　成都村级基本公共服务质量标准政策文件一览（部分）

类型	时间	颁发部门	文件名称	质量标准内容
整体性的村级基本公共服务质量标准	2008 年	中共成都市委统筹城乡工作委员会	《关于重点镇公共服务和社会管理配置标准的指导意见（试行）》	重点镇公共服务和社会管理配置标准由"1+17"标准构成，即1个重点镇需配套完善17项公共配套建设。其中，公共服务体系的标准内容包括1个便民服务中心，1个区域性农业服务中心，1个综合文化活动中心，1个职业技能培训基地，1个"211"工程（"两场"：田径场、灯光球场。"一池"：游泳池。"一个中心"：健身中心），1所标准化学校，1所标准化卫生院，1所社会福利院
	2008 年	中共成都市委统筹城乡工作委员会	《关于村（社区）及新居工程公共服务和社会管理配置标准的指导意见（试行）》	村（社区）按"1+13"标准进行配置，即1个村（社区）配置13项公共服务设施，同时根据各自特色配套2项公共服务设施。其中，13项公共服务设施具体为劳动保障站（不小于 50 m²）、卫生服务站（不小于 80 m²）、人口计生服务室（不小于 20 m²）、社区综合文化活动室（不小于 100 m²）、警务室（不小于 20 m²）、全民健身场地（不小于 200 m²）、农贸市场（50~400 m²）、日用品放心店（不小于 20 m²）、农资放心店（不小于 20 m²）、垃圾运转站（不小于 20 m²）、公厕（不小于 20 m²）、污水处理设施、教育设施。可配套的 2 项公共服务设施为公交招呼站、集中停车场。新居工程公共服务和社会管理配置标准为小区放心店（按人口规模不小于 20 m² 或 50 m²）、小区就业服务站（按人口规模不小于 20 m² 或 50 m²）、小区卫生服务站（不小于 80 m²）、全民健身广场（不小于 80 m²）、综合文化活动室（不小于 100 m²）、小区物业管理用房（按人口规模不小于 40 m² 或 100 m²）、农贸市场、生活垃圾压缩中转站（不小于 300 m²）、公厕（不小于 50 m²）、停车场、广播电视台（不小于 20 m²）

表7.2(续)

类型	时间	颁发部门	文件名称	质量标准内容
	2012年	中共成都市委统筹城乡工作委员会	《关于进一步提升重点镇、一般镇、涉农社区及村(农民集中居住区)公共服务和社会管理配置标准的指导意见》	重点镇公共服务和社会管理配置标准由"1+17"标准提升为"1+28"标准;一般镇公共服务和社会管理配置标准为"1+27"标准;涉农社区公共服务和社会管理配置标准由"1+13"标准提升为"1+23"标准;村(农民集中居住区)公共服务和社会管理配置标准为:村和规模在300户以上的农民集中居住区的公共服务和社会管理配置标准由"1+11"标准提升为"1+21"标准;50~300户的农民集中居住区应参照"1+21"标准。其中,重点镇公共服务和社会管理配置标准具体包括:综合性便民服务中心(不小于100 m²)、农业服务中心(不小于800 m²)、标准化学校、幼儿园(生均面积不小于8.8 m²)、标准化卫生院(不小于3 000 m²)、职业技能培训点(不小于1 000 m²)、社会福利院、标准化体育设施、全民建设广场(平原地区不小于2 000 m²,丘区和山区根据具体情况来定)、交通客运站(不小于200 m²)、公厕等。一般镇公共服务和社会管理配置标准具体包括:综合性便民服务中心(不小于100 m²)、农业服务中心(不小于800 m²)、标准化学校、幼儿园(生均面积不小于8.8 m²)、标准化卫生院(不小于2 000 m²)、职业技能培训点(不小于1 000 m²)、社会福利院、综合体育设施、全民建设广场(平原地区不小于2 000 m²,丘区和山区根据具体情况来定)、综合文化活动室(不小于400 m²)、综合客运站(不小于100 m²)、公厕等。涉农社区公共服务和社会管理配置标准具体包括:社会综合服务管理工作站(不小于100 m²)、社会组织和志愿者服务办公室(不小于30 m²)、幼儿园(生均面积不小于8.8 m²)、卫生服务站(不小于200 m²)、人口计生服务室(不小于20 m²)、全民建设设施(不小于200 m²)、综合文化活动室(不小于200 m²)、老年/青少年活动中心、农贸市场、日用品放心店(不小于20 m²)、农资放心店、公厕、民俗活动点、公共停车场。村(农民集中居住区)公共服务和社会管理配置标准具体包括:社会综合服务管理工作站(不小于80 m²)、社会组织和志愿者服务办公室、幼儿园(生均面积不小于8.8 m²)、卫生服务站(不小于200 m²)、全民健身广场(根据人口确定面积)、综合文化活动室(根据人口确定面积)、农贸市场、日用品放心店(不小于20 m²)、农资放心店、公厕、民俗活动点、公共停车场、小区物管用房(不小于40 m²)等
	2019年	中共成都市委城乡社区发展治理委员会	《成都市城乡社区发展治理总体规划(2018—2035年)》	村(农民集中居住区)公共服务和社会管理配置标准:公共管理服务设施,包括社会综合服务管理工作站(不小于80 m²)、社会组织和志愿者服务办公室、水电气代收代缴网点、网络设施;教育设施,包括幼儿园(生均面积不小于8.8 m²);医疗卫生设施,包括卫生服务站(不小于200 m²);文化体育设施,包括全民健身广场和综合文化活动室(根据人口确定面积);商业服务设施,包括农贸市场、日用品放心店(不小于20 m²)、农资放心店;市政公用设施,包括污水处理设施、垃圾收集点、公厕、民俗活动点、公共停车场所、小区物管用房;金融邮电设施,包括金融服务站自助设施和电信业务代办点;生产配套设施,包括工具房和养殖房

表7.2(续)

类型	时间	颁发部门	文件名称	质量标准内容
具体领域的村级基本公共服务质量标准	2008年	成都市人民政府办公厅	《成都市人民政府关于推进全市农村中心幼儿园标准化建设的意见》	在全市223个农村乡镇（街道）各新建或改（扩）建1所标准化中心幼儿园。对三圈层县（市）、青白江区自筹资金完成新建、改扩建的农村公益性标准化中心幼儿园，分别给予每所70万元、50万元的补助；此外，区（市）县对村级公益性幼儿园建设给予补助；计划到2012年年底，成都市、区（市）县分级完成一轮对所有幼儿园教师的免费专业培训，并建立以成都大学为主的学前教育人才培养基地，培养学前教育急需人才；公益性幼儿园收费实行政府定价，其他幼儿园根据办学成本确定收费标准，实行备案制，所有幼儿园不得在规定项目以外收取任何费用
	2009年	成都市卫生局、成都市财政局	《成都市城乡基层医疗卫生机构基本公共卫生服务C类服务包（试行）》	采用购置服务的方式，每人每年20元的原则，将C类服务包内容延展到村（小区）卫生站。涉及12类14项62小项服务项目及相应考核原则，在《国家基本公共卫生服务规范》9条内容基础上增加卫生监督、突发公共卫生事件处置、公共卫生信息搜集与报告内容
	2011年	成都市人民政府	《成都市人民政府关于构建基层公益性医疗卫生服务体系的意见（试行）》	原则上，一个乡镇（街道）确立一个卫生院或社区卫生服务中心，一个建制村（社区）确立一个村卫生站或社区卫生服务站。政府增加对基层公益性医疗卫生的投入、加强对基层医务人员的培训、建立科学的绩效考核机制和人才引进机制。建立政府购买服务和合理补偿相结合的制度，推进按人头拨付经费向按业务量、按工作绩效核定经费转变。对基层公益性医疗卫生服务体系实施"八统一"管理，包括统一机构布点规划，统一人力资源配置标准，统一基本服务项目、标准和价格，统一药物目录和价格，统一信息化建设标准，统一绩效考核办法，统一投入补偿政策，统一医保报销政策
	2012年	成都市文化局	《成都市公共文化服务机构服务标准》	文化馆的服务标准从阵地服务、群众文化百千万工程、文化活动、业务培训、理论研究、馆办团队、宣传展示7个方面进行明确；图书馆的服务标准从服务资源、服务内容、服务宣传、服务监督及反馈4个方面进行明确
	2013年	成都市人民政府	《成都市城乡中小学标准化建设提升工程实施方案》	从"软件""硬件"两个方面，涵盖中小学教师编制调整和素质提升、中小学教育技术装备标准提升、中小学校教室光环境和运动场标准化改造，以及城乡公办义务教育阶段学校生均公用经费财政拨款标准统一等内容。到2015年，成都市公办小学专任教师取得专科及以上学历比例达95%，公办初中专任教师取得本科及以上学历比例达90%，公办普通高中专任教师取得研究生学历比例达8%。生均设备值小学约3 600元、初中（含九年制学校）约3 900元、高中约5 800元。中小学教育技术装备标准提升工作分3年实施。对所有公办中小学校教室进行光环境改造。对具备改造条件的约370个公办中小学校运动场进行标准化改造。2012年，成都市公办义务教育阶段学校生均公用经费拨款标准统一为小学700元/（生·年）、初中900元/（生·年），同时每两年调整一次

表7.2(续)

类型	时间	颁发部门	文件名称	质量标准内容
	2013年	成都市人民政府	《2013年成都市基层公益性医疗卫生机构标准化建设设备提升工程实施方案》	依据市卫生局拟定的全市基层公益性医疗卫生机构基本设备装备暂行标准,为重点镇,特别是优先发展重点镇和医疗服务人口较多乡镇的卫生院、社区卫生服务中心配备数字影像设备(DR)、彩超、颈腰椎牵引设备、中药熏蒸设备、中药粉碎(打粉)机、中药煎药机和救护车等;为5家市级试点医疗卫生机构配备中医药膏方机和水丸机;为1 482支全科医生服务团队配置服务包;按"填平补齐"的原则为2 751个公益性村卫生站和社区卫生服务站配备电子血压计、血糖仪、身高体重仪、小型无影灯、特定电磁波治疗仪(TDP)和氧气瓶等

资料来源:笔者根据相关政策文件整理而得。

7.2.2 村级基本公共服务质量监测的实施与保障体系

基本公共服务质量监测的实施与保障体系对应"过程型"基本公共服务质量监测体系理论框架的"转化"部分。基本公共服务质量监测的实施与保障体系的首要问题是基本公共服务质量监测模式的选择,进而涉及基本公共服务质量监测的实施程序和配套保障。基本公共服务质量监测模式可以划分为专业监测模式、公众监测模式和综合监测模式三种模式。其中,专业监测模式是指由政府部门或第三方机构运用一定的监测方法、工具与技术手段来对基本公共服务质量特性满足相关规定要求的程度进行专业测评的一种模式;公众监测模式是指由政府部门或第三方机构作为开展主体,社会公众作为评价主体,对基本公共服务质量特性满足其社会公众要求的程度进行感知和评价的一种模式;综合监测模式是指由政府部门或第三方机构运用一定的监测方法、工具与技术手段来对基本公共服务质量特性满足相关规定要求和社会公众要求的程度进行综合测评的一种模式。基本公共服务质量监测的实施程序包括设计基本公共服务质量监测方案,搜集和分析基本公共服务质量监测数据,撰写和发布基本公共服务质量监测报告,以及总结基本公共服务质量监测工作。基本公共服务质量监测的配套保障包括基本公共服务质量监测的政策法规保障、基本公共服务质量监测的组织机构保障和基本公共服务质量监测的人财物资源保障。

成都市"过程型"村级基本公共服务质量监测体系中的村级基本公共服务质量监测的实施与保障体系,主要体现为成都市各县(市、区)探索开展的村级基本公共服务质量监测实践,以及为村级基本公共服务质量监测提供的相关保障。

成都市各县(市、区)探索开展的村级基本公共服务质量监测实践形式丰富多样。按照监测内容的不同,把成都市村级基本公共服务质量监测实践模式可划分为村级基本公共服务专项资金监督和村级公共服务项目评价两类(见表7.3)。

表7.3 成都市村级基本公共服务质量监测的实践模式

监测内容	监测模式名称	监测主体	监测特色
村级基本公共服务专项资金监督	邛崃市油榨乡马岩村"五人监督章"模式	村民议事会(民主理财监督员)	权力制衡以达到监督效果
	崇州市纪委全程参与模式	纪委(村级公共服务项目专项资金审计工作组)	自上而下实施监督
	邛崃市台账监督模式	村组代理会计核算中心	强调过程记录与公示
	青白江区大弯街道"四维"举措	农村(社区)议事会	强调资金预算、分类使用、过程监督、意见反馈

表7.3(续)

监测内容	监测模式名称	监测主体	监测特色
村级基本公共服务项目评价	双流县（现为双流区）"服务效果'由群众说了算'"模式	农民群众	强调农民群众作为项目评价主体
	蒲江县民主监督与评价的"三上三下"模式	基层政府、村组织与普通村民	重点针对村级公共服务项目招投标进行监督和评价
	大邑县"分类—扩容—细化"的项目评议验收模式	村民议事会、监委会、受益农户代表、乡镇（街道）纪（工）委、乡镇（街道）相关科室人员等	强调监督评价的分类别、参与性和制度化
	青白江区红阳街道红峰村联动式督查管理模式	街道、村干部与村民议事会	基层政府与村组织协同监督，同时利用资金支付方式实现监督
	新津县（现为新津区）袁山社区"村民自主"监督评价模式	村民群众	将基层民主治理机制与村级公共服务项目有机融合

资料来源：笔者根据有关文献资料整理而得。

其一，邛崃市油榨乡马岩村"五人监督章"模式。自2007年起列入成都市扶贫新村建设项目后，邛崃市油榨乡马岩村为了加强村级公共服务专项资金使用管理和监督，探索了村级公共服务专项资金透明使用的"五人监督章"模式，即将印章由一个分成5瓣，由村民议事会推选产生的5名民主理财监督员分别保管其中1瓣印章。凡是公共服务和管理经费支出的发票，必须盖上完整的印章后才能报销。同时，要将所有保障情况向村民议事会公布，并在村务公开栏上公示，以此确保专项资金的公开和透明使用。该监督模式确保村级基本公共服务财政资金使用规范、透明和民主，"哪些钱该花，哪些钱不该花，花多花少，都由群众说了算"①。

其二，崇州市纪委全程参与模式。2009年以来，崇州市为了提升全市每年上亿元的村级公共服务资金使用的科学性和透明度，逐渐探索形成了纪委全程参与村级公共服务和社会管理项目的专项资金监督模式。根据制定的市、乡、村三级党风廉政建设责任清单，崇州市委要求村"两委"负责人与乡镇党委、纪委分别签订《遵守党纪国法保证书》《村公风险防控廉政承诺书》。在此基础上，崇州市纪委会同审计部门和第三方会计师事务所组成5支村级公共服务项目专项资金审计工作组，定期对全市253个行政村的村级公共服务项目专项资金使用情况逐一开展审计。审计方式主要包括票据审核、档案查询和经办人询问。审计结果要求及时向乡镇党委进行反馈。对于经审计发现的问题，立即启动纪律审查程序，对相关责任人进行责任追究。崇州市通过对村级公共服务项目资金的规范、透明进行监督，不仅提高了村民的满意度，而且也增强了村干部干事创业的自信心②。

其三，邛崃市台账监督模式。针对村（社区）公共服务专项资金使用合规性问题，邛崃市探索构建了村级公共服务专项资金的项目台账监督模式。各村（社区）确定年度实施项目后，由村组代理会计核算中心以村（社区）为单位建立"村级公共服务和社会管理项目资金支出台账"（以下简称"台账"），以便及时、准确地掌握项目资金支出情况，并为倒查式监管提供依据。台账要求报账的项目必须是村（社区）年初议定的公共服务项目，且报账的金额不得超出年初预算（若超出则须提供民主程序审议的材料）等。在村（社区）实施项目完工并完成报账后，台账须向全村（社区）进行公示。

---

① 中国国家博物馆. 四川省成都市邛崃油榨乡马岩村新村发展议事会五人"民主理财监督章"[EB/OL].（2016-04-28）[2024-05-21]. https://www.chnmuseum.cn/zp/zpml/201812/t20181218_28873.shtml.

② 赵荣昌. 崇州做好"三把抓手"确保村级公服资金阳光运行[EB/OL].（2016-04-28）[2024-05-21].https://www.163.com/news/article/BLNB07N500014Q4P.html.

其四，青白江区大弯街道"四维"举措。从 2010 年开始，为有效开展村级公共服务资金监管工作，进一步落实村民议事会制度，青白江区大弯街道 7 个农村（社区）议事会采取了"四维"举措：一是整体安排全年村级公共服务专项资金的利用预算；二是按照各自的民众需求和实际情况对村级公共服务专项资金进行分类；三是要求村级监督小组对公共服务专项资金的利用情况开展全程督促，并限时向辖区村民（居民）公示村级公共服务资金使用情况；四是在专项资金利用的过程中，深入基层群众开展调研，收集意见和建议，并对前期的安排进行合理化调整。青白江区大弯街道通过上述四个方面的工作举措，确保村级公共服务专项资金合理利用①。

其五，双流县（现为双流区）"服务效果'由群众说了算'"模式。针对村级公共服务和社会管理项目管理，双流县（现为双流区）改变了过去由政府从项目立项到项目验收全程包办的传统路径，探索形成了事前决策群众说了算、事中监督群众说了算、事后评议群众说了算的"三个群众说了算"。其中，村级公共服务项目实施效果评价"群众说了算"是"三个群众说了算"的内容之一。具体操作流程为：由当地村民制定村级公共服务项目评议标准和办法，并以此为依据对公共服务项目服务人员及其服务效果进行"满意度"打分；第一次得分低于 80 分的，给予一次整改机会，由村级公共服务项目监督小组与服务人员进行"集体谈话"；第二次得分低于 80 分的，扣掉工程款的 10%～20%；第三次得分低于 80 分的，取消次年的竞标资格。通过该项制度安排，双流县（现为双流区）真正实现了村级公共服务项目的群众评价权，同时也有效地激活了基层民主②。

其六，蒲江县民主监督与评价的"三上三下"模式。从 2010 年开

---

① 青白江区信息办.成都青白江区四措施深入开展专项资金工作[EB/OL].(2010-04-08)[2024-05-21].https://www.chinaacc.com/new/403_425/2010_4_8_xu53933152541840102231 03.shtml.

② 郑洲.村级公共服务需求制度创新：以成都为例[J].财经科学，2011（9）：113-118.

始，蒲江县针对村级公共服务项目招投标，构建了村级公共服务项目民主监督与评价的"三上三下"模式，为了实现"工程质量要好，效果要达标，尊重民意是前提，最终落脚点是群众满意"的目标。"一上"指政府根据议事会或村民代表大会确定的项目，以及规范的招投标文本，指导村联席会（由党员代表、议事会成员、监事小组成员、村民代表组成）完成比选招投标。"一下"指将招投标结果进行公示。"二上"指由议事会确定成员以组建项目民主监督管理小组，同时政府邀请工程相关业务部门对小组成员进行培训，指导工程实施的技术监督和工程质量满意度测评。"二下"指小组成员将施工监督过程记录和满意度测评结果进行公示。"三上"指评议合格后，议事会确定工程验收小组，政府邀请相关技术人员参与，指导工程验收。"三下"指将工程验收结果向村民公示，无异议后向施工方结算[①]。

其七，大邑县"分类—扩容—细化"的项目评议验收模式。为了增强村级公共服务项目评价的合理性和民主性，大邑县从 2009 年开始，逐渐探索形成了一套"分类—扩容—细化"的村级公共服务项目评议验收模式：一是确定不同类别项目评议验收的操作方式、参与范围和具体程序，制定项目评议和验收规范的细则，从程序上规范项目的评议验收；二是扩大参与验收人员范围，在过去由议事会成员、监委会成员、受益农户代表参与的基础上，邀请乡镇（街道）纪（工）委、乡镇（街道）相关科室人员参与评议验收，对资金额度较大的项目，由县统筹办协调对口部门派专业人员现场指导，提高评议验收的可信度；三是制定项目专项资金管理细则，对资金核算办法、使用范围、支付程序、报账清单、报账依据等进行严格把关，确保资金安全[②]。

其八，青白江区红阳街道红峰村联动式督查管理模式。截至 2014

---

① 洪继东. 村民议事修水利 政府服务作后盾 [N]. 成都日报，2010-03-08 (7).
② 王承云，田莉. 成都市进一步推进村级公共服务改革的实践：以大邑县为例 [J]. 成都行政学院学报，2016 (4)：88-91.

年年底，经过长时间的探索，青白江区红阳街道红峰村探索形成了针对村级环境卫生服务的联动式督查管理模式。该模式包括以下内容：一是街道随机督查。红峰村卫生保洁工作被纳入红阳街道辖区统一督查管理，由街道市容办指定卫生协管员随机督查，发现问题即通报村委会，并要求限期整改。二是村干部包组监督。红峰村设立了一般由8名村干部组成的监督组并划定了监督区域。监督组按照任务分工每周至少开展2~3次监督，将发现的问题反馈至保洁公司。三是村民议事会民主评议。保洁公司的服务费用按月支付，且每月仅支付应付费用的80%，剩余20%待开展的保洁工作通过半年一次的民主评议后才予以支付①。

其九，新津县（现为新津区）袁山社区"村民自主"监督评价模式。从2008年开始，新津县（现为新津区）袁山社区逐步探索构建了以党组织为领导核心、村民自治为基础、民主议事为保障、企业为利益纽带的"2+2"基层治理结构新模式。依托这一农村新型基层治理机制，袁山社区构建了村级基本公共服务项目评价的"村民自主"监督评价模式。该模式以村民为村级公共服务项目的管理和评价主体，引导和组织农民参与村级公共服务和社会建设。袁山社区将基层治理与村级公共服务项目评议相结合的模式，突出了村民自主监督与评价的主体地位，提高了村民参与村级公共服务项目评价的主动性和积极性②。

成都市村级基本公共服务质量监测保障主要体现在政策法规和组织机构两个方面：

在政策法规保障方面，多个政策文件明确要求政府相关部门开展村级基本公共服务质量监测，同时支持农民群众参与村级基本公共服务质量监测评价。2008年，中共成都市委、成都市人民政府出台《关于深化城乡统筹进一步提高村级公共服务和社会管理水平的意见（试

---

① 佚名. 发挥议事会自治功能 管好村庄环境卫生［N］. 成都晚报，2014-06-12（4）.
② 巫敏. 新津县：建设新农村综合体 深化统筹城乡发展［EB/OL］.（2012-09-28）［2024-05-20］.http://www.china.com.cn/zhibo/zhuanti/2012-09/28/content_26660823.htm.

行）》，明确把"有一个民主评议、民主决策、民主监督公共服务的管理机制"纳入目标任务，并要求"建立农民群众民主评议制度，由农民群众对项目服务内容、服务方式进行评价，形成依靠农民群众提高公共服务和社会管理水平的长效机制""建立民主监督制度，由农民群众提出建议和批评，对服务水平、服务质量和效果进行监督"。2009年，成都市统筹委、财政局出台《成都市公共服务和公共管理村级专项资金管理暂行办法》，其中规定"各级财政部门是村级专项资金管理的职能部门，负责村级专项资金的筹措，监督相关资金的使用等""各级由特定机关实施、审计部门负责村级专项资金的检查、审计工作"。同年，成都市统筹委、成都市小城镇投资有限公司印发《成都市公共服务和公共管理村级融资建设项目管理办法》，其中提及"项目实施接受村（居）民监督进行民主管理""项目效果接受村（居）民评价进行民主测评"。2019年，中共成都市委城乡社区发展治理委员会发布了《成都市城乡社区发展治理总体规划（2018—2035年）》，要求针对农村公共服务形成动态考核的监督实施机制。2022年，《成都市"十四五"城乡社区发展治理规划》发布，指出"建立健全基本公共服务监测评价体系，完善考核及反馈机制。按年度更新发布基本公共服务清单白皮书，完善'服务监测—效能评估—动态调整'机制，稳步推进基本公共服务覆盖常住人口""探索社区生活服务'好差评'评价机制和质量认证机制，保障居民服务的表达权、决策权和评价权"。

在组织机构保障方面，成都市各级党委和政府。市和县（市、区）、乡镇有关职能部门（如成都市监察部门、审计部门），党委职能部门（如中共成都市委城乡社区发展治理委员会）、村组织（如村党支部委员会、村民委员会），以及其他市场组织和社会组织，共同构成了成都市村级基本公共服务质量监测的组织机构保障。比如，根据《关于深化城乡统筹进一步提高村级公共服务和社会管理水平的意见（试行）》的规定，各级党委、政府，市和县（区、市）、乡镇有关职能部门，村（社区）党支部和村（居）民委员会等，都是成都市村级公共服务和社会管理的组织机构，承担了包括开展村级基本公共服务质量监测在内的多项职能。又如，中共成都市委城乡社区发展治理委员会作为2017年8月在全国率先成立的统筹社区发展治理的党委职能部门，其主要职责之一为"牵头制定城乡社区发展治理考核标准体系和评价体系并组织实施"，这就为村级基本公共服务质量监测的开展提供了强有力的组织保障。再如，基层政府和村（社区）在开展村级基本公共服务质量监测的过程中，根据村级基本公共服务项目评价的需要，引入了市场专业组织和社会力量参与其中，以提高村级基本公共服务质量监测的科学性和合理性。

7.2.3 村级基本公共服务质量监测的结果应用与反馈体系

基本公共服务质量监测的结果应用与反馈体系对应"过程型"基本公共服务质量监测体系理论框架的"输出"部分。基本公共服务质量监测的结果应用与反馈体系包括三方面的内容，即基于质量监测结果的基本公共服务质量奖励与问责、基于质量监测结果的基本公共服务质量问题分析和基于质量监测结果的基本公共服务质量反馈与改进。基本公共服务质量奖励是指根据基本公共服务质量监测结果，对那些在基本公共服务质量方面表现优异的基本公共服务提供组织进行奖励，以鼓励激发基本公共服务提供组织持续提升基本公共服务质量水平的一种机制，具体可以分为"优质奖励"与"进步奖励"两种类型。基本公共服务质量问责是指根据基本公共服务质量监测的结果，对那些所提供的基本公共服务质量水平严重偏低或所提供的基本公共服务质量水平长期偏低的组织实施问责，以督促基本公共服务提供组织采取措施提升基本公共服务质量水平的机制，具体可以分为"同体问责"与"异体问责"两种类型。基于质量监测结果的基本公共服务质量问题分析以问题识别及成因诊断为二维目标，以总体问题与分支问题为基本公共服务质量问题识别的基本思路，以质量问题追溯为基本公共服务质量问题成因诊断的有效方法。基于质量监测结果的基本公共服务质量反馈与改进，将服务质量差距模型作为提升基本公共服务质量水平的重要工具，同时将分类整改与持续追踪确立为提升基本公共服务质量水平的两种重要机制。

成都市"过程型"村级基本公共服务质量监测体系中的村级基本公共服务质量监测的结果应用与反馈体系，主要体现为成都市基层政府和村（社区）根据质量监测结果开展的村级基本公共服务质量问责，以及根据质量监测结果开展的村级基本公共服务质量反馈与改进。

根据村级基本公共服务质量监测和评价的结果，成都市开展了以"同体问责"为主要形式的村级基本公共服务质量问责行动，产生了诸多具有典型性的村级基本公共服务质量问责案例。

一类是因违规使用村级公共服务项目资金而被问责。该类问责情形具有诸多共性特征，包括问责对象通常是村（社区）干部，问责原因通常是违规违纪使用村级公共服务项目资金等。比如，2020 至 2021年，成都东部新区某村党总支原书记王某违规将该村公共服务项目交由其丈夫承揽，套取并挪用村级公共服务和社会管理项目资金 7.7 万元，被成都市纪委监委问责后受到撤销党内职务处分①。又如，彭州市某村党委原书记杨某在 2020 至 2022 年，制作虚假材料套取并挪用村级公共服务专项资金违规发放补助，同时为他人承接村级公共服务项目提供帮助收受"好处费"6 万元，受到开除党籍处分，同时违纪违法所得予以收缴，涉嫌犯罪问题被移送检察机关依法审查起诉②。

另一类是因村级基本公共服务供给质量问题而被问责，具体可以分为多种问责情形。一是村级公共服务供给主体的行为违法而被问责的情形。如 2017 年 9 月成都市某社区卫生服务中心被环保执法人员检查发

---

① 胡旭阳. 成都市纪委监委通报 6 起村（社区）干部违纪违法典型案例［EB/OL］.（2023-06-25）［2024-05-21］.https://baijiahao.baidu.com/s？id=1769674358053125195&wfr=spider&for=pc.

② 胡旭阳. 成都市纪委监委通报 6 起村（社区）干部违纪违法典型案例［EB/OL］.（2023-06-25）［2024-05-21］.https://baijiahao.baidu.com/s？id=1769674358053125195&wfr=spider&for=pc.

现存在超标排污问题，其外排废水化学需氧量（COD）和粪大肠菌群浓度超过《医疗机构水污染物排放标准》中规定的排放标准，并在限定期限内未按照要求进行整改，最终被处以行政处罚 5.680 8 万元①。二是村（社区）村级基本公共服务工作人员未及时回应民众诉求和解决民众反映的问题而被问责的情形。如《成都面对面·监督问责第一线》报道，2016 至 2018 年，在青羊区开展社区发展治理专项行动过程中，居民和商家反复投诉但始终未得到解决的"大雨大水、小雨小水"问题，受到了由成都市人大代表、政协委员、相关专家、成都市纪委监委特邀监察员、市民监督员和媒体观察员组成的团队连续"发问"，基层工作相关责任人现场回应社会关注和民生关切，让监督问责的效果落到实处②。三是县（市、区）党委在专项巡察工作中发现问题而触发的问责情形。如 2017 年中共成都市龙泉驿区委第一巡察组对某镇班子及其成员进行了为期 12 天巡察，向镇党委反馈了 6 大类 35 个方面问题，其中涉及村级公共服务与社会管理的相关问题包括"监督责任落实不到位""主体责任落实不到位""涉嫌截留财政收入"等。针对这些问题，区委要求镇党委研究制定整改落实方案，并在 5 月底之前基本整改落实到位③。四是乡（镇）纪委开展监督检查工作发起的问责情形。例如，2018 年某镇纪委组成 15 个工作组开展"基层听音"专项行动，对村干部履职情况、民生诉求解决情况等问题进行明察暗访：一方面，向村民发放"民心直通卡"，收集民生诉求问题，整理汇总建立"民生问题一本清"工作纪实台账；另一方面，将"民生问题一本清"台账销

① 李彦琴. 拒不改正环境违法行为 成都一社区卫生服务中心遭重罚［EB/OL］.（2018-03-30）［2025-05-21］. https://sichuan.scol.com.cn/cddt/201803/56106895.html.

② 王雷钰. 紧扣民心抓落实 履职尽责真作为"成都面对面·监督问责第一线"全媒体直播节目聚焦青羊区［EB/OL］.（2018-08-24）［2024-05-21］. https://qingyang.ljcd.gov.cn/show-291-6699-1.html.

③ 中共成都市龙泉驿区西河镇委员会. 中共成都市龙泉驿区西河镇委员会关于区委第一巡察组巡察西河镇反馈问题整改落实情况的通报［EB/OL］.（2018-08-10）［2024-05-21］. https://longquan.ljcd.gov.cn/show-1029-12272-1-22.html.

账工作纳入重点监督检查内容，不定期跟进工作进度，对诉求解决不及时、群众反映不满意的、庸政懒政怠政的行为严肃查处①。

与此同时，成都市也针对在村级基本公共服务质量监测中发现的问题，采取了一系列的村级基本公共服务质量问题整治举措，以改进村级基本公共服务质量，提高农民群众的基本公共服务获得感和满意度。从总体上看，成都市村级基本公共服务质量监测问题的整治与改进涉及公共服务资金、义务教育、医疗卫生服务、农村低保、人居环境等多个领域，具体内容见表7.4。

表7.4　成都市村级基本公共服务质量监测问题的整治与改进

监测整改领域	监测问题	监测整治与改进项目	监测整治与改进成果
公共服务资金	违规违纪违法使用村级公共服务专项资金	开展村级公共服务资金专项整治行动	村级公共服务资金使用管理中的违规违纪违法问题被深入查处和纠正，村级公共服务资金管理水平和使用效益得到提高
义务教育	农村义务教育资源紧缺、发展不平衡	开展乡村义务教育"专项扶弱"与推动义务教育资源优质均衡发展	出台专项政策文件，明确教育帮扶思路和举措。推出义务教育"常青树计划"，开展乡村学校专项扶弱工作
医疗卫生服务	农村医疗硬件设施待提升，医疗服务供给精准性不够，医疗资源待加强	实施农村基层医疗卫生机构硬件提升工程与农村医疗卫生服务供给机制创新	农村医疗卫生服务财政投入持续增长，基层医疗卫生机构提档升级完成，农村医疗卫生服务供给的精准匹配度不断提高
农村低保	农村低保领域"微腐败"问题和工作作风问题	开展农村低保专项治理行动、建立农村低保动态监管机制	农村低保专项治理工作长效机制基本建立，农村低保领域"微腐败"问题和工作作风问题得到有效整治

①　彭州市纪委监委. 濛阳镇：深入基层听"真音"［EB/OL］.（2018-04-26）［2024-05-21］. https://pengzhou.ljcd.gov.cn/show-198-9702-1-11.html.

表7.4(续)

监测整改领域	监测问题	监测整治 与改进项目	监测整治与改进成果
人居环境	农村垃圾、厕所、污水、畜禽粪污等问题,人居环境品质不高	实施农村人居环境整治工程(包括实施深化农村生活垃圾治理、开展农村"厕所革命"等九大整治任务)	农村人居环境问题得到有效整治,农村人居品质不断提高,"人与自然和谐共生、村庄形态与自然环境相得益彰"的生产生活环境初步形成

资料来源:笔者根据有关文献资料整理而得。

其一,开展村级公共服务资金专项整治行动。2015 年,针对村级公共服务资金使用和管理过程中出现的违规违纪违法问题,如截留挪用财政专项资金、违反公共服务项目招投标管理规定等,《成都市人民政府办公厅关于开展涉农资金专项整治行动的实施意见》出台,要求对村级公共服务资金预算安排、财政和审计部门检查发现问题的整改处理情况、群众举报事项等进行检查整治,具体将村级公共服务资金的分配、拨付、管理、使用等环节纳入整治检查内容,"建立健全涉农资金监管长效机制"。

其二,开展乡村义务教育"专项扶弱"与推动义务教育优质均衡发展。针对农村义务教育资源紧缺、城乡义务教育发展不平衡等问题,《中共成都市委教育工作委员会 成都市教育局关于印发〈2019 年工作要点〉的通知》出台,要求统筹推进新优质学校培育、名校集团发展、学校结对帮扶、跨区域委托管理等,加强乡村小规模学校和乡村寄宿制学校建设,做好流动务工人员随迁子女入学工作等。2021 年 11 月起,成都市面向乡村学校推出义务教育"常青树计划",开展乡村学校专项扶弱工作,遴选市域知名专项教育专家担任领衔专家,定点帮扶有特定项目援助需求的乡村学校,旨在建立健全成都市乡村义务教育援教工作机制,推动乡村教师专业发展支持体系规范化、制度化和常态化发展,发挥城市学校名师引领、示范和辐射作用,推动义务教育优质均衡发展和城乡一体化①。

其三，实施农村基层医疗卫生机构硬件提升工程与农村医疗卫生服务供给机制创新。针对农村医疗硬件设施标准化建设不足、医疗卫生服务供给精准性不够以及医疗资源配置待加强等问题，成都市实施了农村基层医疗卫生机构硬件提升工程，同时创新医疗卫生服务供给机制。根据《中共成都市委 成都市人民政府关于深化医疗保障制度改革的实施意见》，成都将在权限范围内探索统一城乡居民基本医疗保险筹资标准，建立城乡居民基本医疗保险筹资动态调整机制，均衡各方筹资缴费责任。统计数据显示，成都市在"十三五"期间，"市、县两级共同投入29.95亿元，完成了354家基层医疗卫生机构的基础设施提升改造、383家基层医疗卫生机构的诊疗设备提档升级和2 063个村卫生室的公有化标准化建设"②。同时，成都市实现了家庭医生服务团队与"微网实格"的精准对接，通过线上和线下方式为群众提供医疗卫生服务等，不断提高农村医疗卫生服务供给的精准匹配度。

其四，开展农村低保专项治理行动、建立农村低保动态监管机制。针对农村低保领域中的把关不严、优亲厚友、虚报冒领、截留侵占等"微腐败"问题，以及工作中作风漂浮、敷衍塞责、不敢担当，审核审批主体责任不落实，对群众申请推诿、刁难、不作为，审核审批效率低下等问题，根据成都市纪委于2023年4月印发的《关于进一步深化群众身边"可视""有感"腐败和作风问题"十大领域"专项治理工作的通知》的要求，《成都市民政局关于印发〈成都市最低生活保障审核确认工作规程〉的通知》出台，提到建立农村低保专项治理工作机制，建立例会、信息报送、督查督办、约谈问责等制度，全面梳理排查农村低保中腐败和作风问题，进一步建立问题、治理、成果"三张清单"。

---

① 李益众，陈立，范晓宁.以"专项扶弱"推动义务教育优质均衡的成都探索［J］.四川教育，2023（3）：4-6.

② 杨小广.成都：让居民在家门口获得高品质服务［EB/OL］.（2023-06-26）［2024-05-21］. https://www.sohu.com/a/690726996_121118852.

其五，实施农村人居环境整治工程。针对农村生活垃圾、厕所改造、污水排放、畜禽粪污治理不善、村庄规划不足等问题以及由此导致的农村人居环境品质不高的问题，2019年，成都市委农村工作领导小组印发《"美丽蓉城·宜居乡村"推进方案（2019—2020年）》；2020年，《成都市2020年农村人居环境整治攻坚行动实施方案》出台，提出人居环境整治的八大专项行动。该文件还提到，在具体工作中，一方面加大农村人居环境整治力度，发挥村民和村集体经济组织在农村环境整治中的主体作用；另一方面加大对农村厕所的无害化改造，强化生态管护与修复增绿，不断提高农村人居品质，初步形成"人与自然和谐共生、村庄形态与自然环境相得益彰"的生产生活环境。

7.3 成都市"过程型"村级基本公共服务质量监测体系的不足与改进建议

前文分析表明，成都市村级公共服务和社会管理改革有着丰富的村级基本公共服务质量监测实践经验，从整体上构成了一套"过程型"村级基本公共服务质量监测体系，能够为其他农村地区乃至城市地区基本公共服务质量监测提供借鉴和参考。尽管如此，从基本公共服务质量监测的理论知识，特别是本书所构建的"复合型"基本公共服务质量管理体系理论框架来审视，可以发现成都市村级基本公共服务质量监测体系还存在较多的不足之处。本节将从基本公共服务质量监测基础理论知识以及"复合型"基本公共服务质量监测体系理论框架的"应然"层面出发，对照"实然"层面的成都市村级基本公共服务质量监测实践，分析指出成都市村级基本公共服务质量监测体系存在的短板与不足之处，并为解决这些问题提出有针对性的政策建议。

7.3.1　不足之处

按照基本公共服务质量监测的一般性理论知识，特别是"复合型"基本公共服务质量管理体系理论框架，我们可以发现成都市村级基本公共服务质量监测体系存在如下不足之处：

第一，村级基本公共服务质量监测的要求体系不够完善。基本公共服务质量监测的要求来自基本公共服务质量监测系统的外部和内部，包括价值取向要求、公共政策要求、基本原则要求、实践运行要求等多个方面。目前，成都市村级基本公共服务质量监测的要求体系的主要构成是公共政策要求，以及蕴藏其中的部分价值取向要求和基本原则要求。然而，这样的村级基本公共服务质量监测要求体系更多体现了公共政策制定者的意志，对农民群众以及市场和社会主体的要求吸纳不足，对基本公共服务质量监测的一般性的价值取向要求和基本原则要求汲取不足；同时，也没有反映村级基本公共服务质量监测的内部实践运行要求。由此表明，目前成都市村级基本公共服务质量监测的要求体系尚不完善，需要在未来加以补充和完善。

第二，村级基本公共服务质量监测的指标与标准体系的模式和内容单一化。目前，成都市村级基本公共服务质量监测的指标与标准体系属于专业监测模式，而具体的指标和标准体系内容几乎属于基础设施建设等"过程投入"端，缺乏基本公共服务质量"结果产出"端的指标与标准。比如，从成都市重点镇、一般镇、涉农社区及村（农民集中居住区）公共服务和社会管理配置标准来看，主要是反映"过程投入"的农村教育、医疗卫生、劳动就业、养老、文化健身、公厕、生活垃圾、污水处理、农贸市场、交通出行等领域的基础设施建设指标，缺乏表征"结果产出"的义务教育巩固率、新增就业人数、保险参保率、农村危房改造数等指标。由此可见，成都市村级基本公共服务质量监测指标与标准体系在模式上和内容上都存在较为严重的单一化问题。

第三，公众监测模式下的村级基本公共服务质量监测的指标与标准体系缺乏。如上分析，目前成都市村级基本公共服务质量监测的指标与标准体系属于专业监测模式，缺乏公众监测模式下的村级基本公共服务质量监测的指标与标准体系。由此产生的不利影响是，村级基本公共服务质量监测主要依赖于客观的指标与标准，而缺乏主观的指标与标准，如农民群众对基本公共服务的感知度、获得感和满意度，导致不能科学有效地指导村级基本公共服务主观质量监测工作的开展。从这个意义上讲，成都市村级基本公共服务质量监测的指标与标准体系的未来建设应当综合考虑主观质量和客观质量。

第四，村级基本公共服务质量监测的实践模式选择与应用存在不足。成都市村级基本公共服务质量监测的实践模式既涉及基层党政部门和村级组织针对村级基本公共服务专项资金的监督和针对村级基本公共服务项目的评价，也涉及村民群众针对村级基本公共服务项目的监督和评价。然而，综合来看，成都市村级基本公共服务质量监测模式的选择缺乏自上而下的统一指导，基本是各个村（社区）的自我探索，导致村级基本公共服务质量监测模式比较单一，未能兼顾村级基本公共服务的主观质量和客观质量。在单一的监测模式下，成都市各村（社区）的基本公共服务质量监测难免存在监测主体单一、监测内容不完备、监测方式不科学等局限。

第五，村级基本公共服务质量监测的实施程序建设薄弱。完备的基本公共服务质量监测程序应包括设计基本公共服务质量监测方案，搜集和分析基本公共服务质量监测数据，撰写和发布基本公共服务质量监测报告，以及总结基本公共服务质量监测工作等环节。然而，成都市村级基本公共服务质量监测缺乏一套明确规范的实施程序，表现为未制订专门的村级基本公共服务质量监测方案，未充分开展村级基本公共服务质量监测数据的搜集和分析，未撰写和发布专门的村级基本公共服务质量监测报告，以及未对村级基本公共服务质量监测工作进行总结。

第六，村级基本公共服务质量监测的保障体系需要加强。目前，成都市村级基本公共服务质量监测在政策法规和组织机构保障方面有一定基础，但还存在薄弱之处。比如，政策法规层面的村级基本公共服务质量监测的指标与标准体系尚不健全，专门负责和协同配合开展村级基本公共服务质量监测工作的组织机构还不明晰。与此同时，成都市村级基本公共服务质量监测在人财物资源保障方面的碎片化问题较为严重，缺乏专门的人员队伍、财政经费、数据搜集与分析技术等支持，而这与村级基本公共服务质量监测工作未被确立为专项工作直接相关。

第七，村级基本公共服务质量奖励缺失。目前，在成都市村级基本公共服务质量管理与监测实践中，并未开展与村级基本公共服务供给质量优异或质量进步相关的评选，也未对村级基本公共服务供给质量优异或质量进步的村（社区）组织与个人进行奖励。从这个角度来讲，村级基本公共服务质量的激励机制尚未有效构建。这不仅不利于村级基本公共服务质量管理工作的开展，也不利于不同村（社区）之间基本公共服务供给质量标杆示范与横向竞争效应的形成。

第八，村级基本公共服务质量问责的"异体问责"机制建设不足。目前，成都市村级基本公共服务质量问责是以"同体问责"形式为主，表现为上级党委和政府及其职能部门针对提供村级基本公共服务的基层政府部门、村组织开展巡查、监督和问责工作。相比之下，村级基本公共服务质量问责的"异体问责"机制建设较为薄弱，表现为较少由村民群众、社会媒体、社会组织等其他主体发起和开展问责。成都市村级基本公共服务质量问责在"异体问责"机制建设上的薄弱，不利于村级基本公共服务质量监督问责的独立性的增强和公信力的提高。

第九，村级基本公共服务质量监测的问题反馈与改进环节还需强化。目前，成都市针对村级基本公共服务质量监测问题开展了一系列专项整治行动，也取得了相应的监测整治与改进成果。但考虑到基本公共服务质量监测问题反馈与整改的重要性，成都市村级基本公共服务质量监测问题整治与改进还存在一定差距，比如监测问题反馈的时效性和透明度不够，监测问题整改的持续性不强，监测问题改进的理论指导和效果评估不足等，这些都需要在未来的村级基本公共服务质量监测工作中予以完善。

7.3.2　政策建议

针对成都市村级基本公共服务质量监测体系存在的问题与不足，笔者从以下八个方面提出政策建议，以为成都市相关实践部门改进和完善村级基本公共服务质量监测体系提供参考。

第一，加快构建和完善村级基本公共服务质量监测的要求体系。要构建覆盖村级基本公共服务质量监测系统外部和内部的要求体系，特别是加强村级基本公共服务质量监测系统内部的要求体系建设。要遵循人本、科学、民主、法治、责任、透明等价值取向，将其确立为村级基本公共服务质量监测的价值取向要求范畴。要在相关公共政策文件中不断规范村级基本公共服务质量监测的目标与内容、指标与标准、程序与方式等，继续完善村级基本公共服务质量监测的公共政策要求。要充分吸纳以人为本、科学合理、系统谋划、民主参与、应用改进、持续定期等基本原则，丰富村级基本公共服务质量监测的基本原则要求。要围绕基本公共服务质量监测的主体、目标、手段、环节、结果、环境等要素，补充和细化村级基本公共服务质量监测的实践运行要求。

第二，拓展和丰富村级基本公共服务质量监测的指标与标准体系。要补充专业监测模式下的村级基本公共服务质量监测的指标与标准体系的内容，围绕基本公共服务的"过程投入"和"结果产出"两个维度丰富村级基本公共服务质量监测的指标与标准体系，如将义务教育巩固率、新增就业人数、保险参保率、农村危房改造数等纳入专业监测模式下的村级基本公共服务质量监测的指标与标准体系。要设计公众监测模式下的村级基本公共服务质量监测的指标与标准体系，充分体现农民群众对义务教育、劳动就业、社会保险、医疗卫生、社会服务、住房保障、文化体育等领域的基本公共服务的感知度、获得感和满意度。

第三，加强对村级基本公共服务质量监测模式的实践指导。要在全市范围内加强对村级基本公共服务质量监测模式的选择和应用的顶层设计，为村级基本公共服务质量监测提供自上而下的统一指导。要综合应用专业监测模式和公众监测模式开展村级基本公共服务质量监测，保障村级基本公共服务质量监测内容覆盖主观质量和客观质量。要拓展专业监测模式下村级基本公共服务质量监测的内容，从基本公共服务专项资金扩展到基本公共服务供给的范围与标准、制度设计、流程环节、公民参与、绩效考核等多个方面。要吸纳党政部门、村组织、村民群众、专业机构、市场组织、社会组织等多元主体参与村级基本公共服务质量监测，保障村级基本公共服务质量监测模式的科学性和民主性。

第四，建立健全村级基本公共服务质量监测的实施程序。要设计村级基本公共服务质量监测方案，明确村级基本公共服务质量监测的背景、目标、依据、领域、方式、时间安排、过程控制和配套保障。要开展村级基本公共服务质量监测数据的搜集和分析，通过调查问卷等方式搜集一手数据，同时通过工作总结、统计报告等方式搜集二手数据，然后根据基本公共服务的不同区域、领域和年份满意度得分及其趋势等进行统计分析。要撰写和发布村级基本公共服务质量监测报告，报告包括引言、监测概况、主要结果、主要结论、意见及建议等内容。要总结村级基本公共服务质量监测工作，包括监测的模式、指标体系、方案设计、目标达成度、结果与结论、问题解决与回应等内容。

第五，加强村级基本公共服务质量监测的保障体系建设。要将村级基本公共服务质量监测工作明确纳入全市城乡社区发展治理工作中，同时健全政策法规层面的村级基本公共服务质量监测的指标与标准体系。要强化村级基本公共服务质量监测的组织机构体系建设，重点围绕加强党的领导统筹、明确主体责任分工、促进部门协同配合、推动多元主体联动等方面，为村级基本公共服务质量监测工作提供强有力的组织机构保障。要加强村级基本公共服务质量监测专业人才队伍建设，实施监测专业人才培养培训计划，组建监测专家人才库。要搭建村级基本公共服务质量监测的技术平台，配备相应的村级基本公共服务质量监测硬件设备和办公场地等资源。要加大对村级基本公共服务质量监测的财政经费投入力度，建立以财政支持为主导、市场和社会资助经费为补充的村级基本公共服务质量监测经费保障机制。

第六，构建村级基本公共服务质量监测的激励机制。以村级基本公共服务质量监测结果为依据，可在全市范围内设立村级基本公共服务质量奖，为提供优质基本公共服务或在提供基本公共服务上有显著或较大进步的村级组织和个人提供奖励。要明确村级基本公共服务质量激励机制的实施主体，既可以由政府公共部门承担，也可以由经政府授权、具有公信力的独立第三方机构（如质量协会）来承担。要明确村级基本公共服务质量激励机制的对象范围、条件要求、方式、程序等，确保村级基本公共服务质量激励机制顺畅运行。要落实村级基本公共服务质量激励的制度保障、组织保障和资源保障，为村级基本公共服务质量奖励提供充分的支持。

第七，加强村级基本公共服务质量的问责机制建设。要发挥村民群众、社会媒体、社会组织等对村级基本公共服务质量的监督和问责作用，加强村级基本公共服务质量问责的"异体问责"机制建设。要建立健全村级基本公共服务质量责任的确定机制，明确村级基本公共服务质量责任的基本构成与具体承担者。要构建村级基本公共服务质量责任的追究机制，围绕责任追究的对象、范围、方式、程序、结果等，建立运行顺畅的村级基本公共服务质量责任追究系统。要构建村级基本公共服务质量责任的履行机制，针对村级基本公共服务的质量决策和质量控制环节，确保不同部门、机构及人员的质量责任有效履行。

第八，强化村级基本公共服务质量监测的问题反馈与改进效果。要加大对村级基本公共服务质量监测结果的分析，提高村级基本公共服务质量问题的分析诊断能力。要提高村级基本公共服务质量监测问题反馈的时效性和透明度，确保村级基本公共服务的提供主体和利益相关者能及时获知质量监测问题。要常态化开展村级基本公共服务质量监测的问题整改，建立村级基本公共服务质量监测问题整改的定期跟踪和稳定长效机制。要加强对村级基本公共服务质量监测的理论指导，同时加强开展村级基本公共服务质量监测效果评估，从整体上改善村级基本公共服务质量监测的问题整改机制。

8 研究结论、创新点与局限、未来研究展望

　　基本公共服务质量监测作为确保基本公共服务质量的重要举措，已经成为当前我国保障和改善民生的重要政策举措，在诸多基本公共服务的国家政策文件被强调和重视。然而，实践层面的基本公共服务质量监测尚处于起步发展阶段，并面临较多方面的问题。学术界针对基本公共服务质量监测的专题研究比较缺乏，特别是鲜有本土化的基本公共服务质量监测理论研究。本书将质量监测和基本公共服务相结合，聚焦于基本公共服务质量监测的基础理论与体系构建研究，在解析基本公共服务质量监测基础理论的基础上，以"输入—转化—输出"的"过程"分析框架作为主导性理论依据，构建出"过程型"基本公共服务质量监测体系理论框架，最后选取成都市的村级基本公共服务质量监测体系的实践个案对"过程型"基本公共服务质量监测体系的理论框架进行叙事性解释和说明。本章将对本书得出的主要结论进行梳理和总结，同时归纳本书的创新点与局限，并对下一步深入和推进方向做出展望。

8.1　主要研究结论

本书在解析基本公共服务质量监测基础理论的基础上，围绕基本公共服务质量监测体系展开了研究，主要得出如下结论：

第一，基本公共服务质量监测概念涉及公共服务、基本公共服务、质量、基本公共服务质量、监测、质量监测等子概念，并与基本公共服务质量监控、基本公共服务质量测评、基本公共服务质量管理等相近概念有所区别。进一步地，基本公共服务质量监测的基础理论问题还包括基本公共服务质量监测的特质属性、目标、内容、功能作用、基本原则、影响因素等。

基本公共服务质量监测是指政府或第三方机构运用一定的监测方法和技术手段，对特定区域范围内的基本公共服务固有特性满足相关规定要求和社会公众要求的程度持续不断地进行信息数据搜集、整理、分析和测评，以动态监控和保障提高基本公共服务质量水平的过程。基本公共服务质量监测的概念与基本公共服务质量监控、基本公共服务质量测评、基本公共服务质量管理等相近概念既有联系也有区别。基本公共服务质量监测的特质属性包括监测主体的多元性、监测功能目的的问题查改性、监测内容的复合性、监测手段方式的多样性、监测过程的持续性和长期性、监测结果的应用性和预测性。基本公共服务质量监测以获取质量信息数据为表层目标，以发现和解决质量问题为中层目标，以提升质量水平为深层目标。基本公共服务质量监测的内容分为空间范围、种类范围、"主观-客观"质量和"过程-结果"质量四个维度。基本公共服务质量监测的功能作用可以从基本公共服务质量、政府部门和社会公众三个角度来分析。基本公共服务质量监测需要遵循的基本原则包括以人为本、科学合理、系统谋划、民主参与、应用改进和持续定期。基本公共服务质量监测的影响因素分为三大类别：①自身监测体系层面，包括监测主体、监测目标与内容、监测方式、监测手段、监测指标与标准、监测流程、监测结果运用、监测绩效评价等；②内部监测环境层面，包括领导重视程度、制度规范、技术平台、资源保障等；③外部监测环境层面，包括社会公众观念、社会公众需求、新闻媒体监督等。

第二，在解构基本公共服务质量监测体系构成要素的基础上，本书以"过程"分析框架为主导性理论依据，同时借鉴基本公共服务与质量监测相关理论、系统论、协同论等理论，构建出"过程型"基本公共服务质量监测体系的理论框架。"过程型"基本公共服务质量监测体系的理论框架包括基本公共服务质量监测的要求与标准体系、实施与保障体系、结果应用与反馈体系。

所谓基本公共服务质量监测体系是指政府或第三方机构为提高基本公共服务质量，对特定区域范围内的基本公共服务开展质量监测所涉及的一系列相关过程、活动、资源和制度的总和。基本公共服务质量监测体系的构成要素包括基本公共服务质量监测的主体、目标、内容、手段、环节、环境、绩效等。构建基本公共服务质量监测体系的实践缘由，既有国家基本公共服务政策顶层设计的高质量发展要求，也有政府部门在开展基本公共服务质量工作中所遇到问题的倒逼效应，还有基本公共服务质量监测本身所具备的专业性和复杂性。基本公共服务质量监测体系构建，就是按照一定的逻辑，将基本公共服务质量监测体系的构成要素进行有序串联和结构化排列，从而形成特定基本公共服务质量监测体系理论框架的过程。以基本公共服务与质量监测相关理论作为基础性理论依据，"过程"分析框架作为主导性理论依据，系统论与协同论作为考量性理论依据，我们可以构建出"过程型"基本公共服务质量监测体系理论框架。在"过程型"基本公共服务质量监测体系理论框架中，对应"输入"环节的是基本公共服务质量监测的要求与标准体系，对应"转化"环节的是基本公共服务质量监测的实施与保障体系，对应"输出"环节的是基本公共服务质量监测的结果应用与反馈体系。"过程型"基本公共服务质量监测体系框架具有结构逻辑性、阶段环节性、动态运行性、变化发展性和对外开放性的特色属性，同时能够增强政府部门或第三方机构对基本公共服务质量监测外部环境中多元复杂利益诉求的回应和互动能力，指导政府部门或第三方机构及其工作人员有序、协调、规范、高效开展基本公共服务质量监测工作，以及帮助政府部门或第三方机构实施基于监测结果的基本公共服务质量总结反馈与持续改进。

第三，基本公共服务质量监测的要求与标准体系对应"过程型"基本公共服务质量监测体系框架的"输入"部分，从总体上驱动、指引、规范和约束基本公共服务质量监测活动的开展，并为基本公共服务质量监测的实施与保障体系、结果应用与反馈体系提供遵循。

基本公共服务质量监测要求是指社会公众、政府部门、第三方机构等相关方提出的，用以指导、规范和约束基本公共服务质量监测活动的需求、期望、规则或条件。基本公共服务质量监测要求具有主体多元性、形态双重性、内容复杂性、功能多维性。基本公共服务质量监测标准是指衡量基本公共服务供给过程及结果中的固有特性满足相关规定要求和社会公众要求程度的依据和准则，表现为一套指标体系及一套基准数据。基本公共服务质量监测标准具有价值关怀性、来源实践性、客观权威性、共通性、广泛性、指导性。基本公共服务质量监测要求体系主要由价值取向、公共政策、基本原则和实践运行四类要求构成。其中，基本公共服务质量监测的价值取向要求包括人本价值、科学价值、民主价值、法治价值、责任价值、透明价值，基本公共服务质量监测的公共政策要求包括公共服务相关政策提出的要求、质量监测相关政策提出的要求、公共服务质量监测相关的政策提出的要求，基本公共服务质量监测的基本原则要求包括以人为本、科学合理、系统谋划、民主参与、应用改进、持续定期，基本公共服务质量监测的实践运行要求涉及基本公共服务质量监测的主体、目标、模式、技术手段、环节、过程、结果、环境等。基本公共服务质量监测的指标与标准体系的设计依据包括理论依据、政策依据和经验依据，框架确立的关键是确立基本公共服务质量监测的指标、确立基本公共服务质量监测指标的权重、确立基本公共服务质量监测的评分标准。专业监测模式和公众监测模式下的基本公共服务质量监测的指标与标准体系内容均包括基本公共教育、基本劳动就业创业、基本社会保险、基本医疗卫生、基本社会服务、基本住房保障、基本公共文化体育和残疾人基本公共服务八个一级指标，但二级指标存在不同。在应用基本公共服务质量监测的指标与标准体系的过程中，有关单位需要立足实际情况，根据监测需要，对基本公共服务质量监测的指标与标准体系进行调整与细化。

第四，基本公共服务质量监测的实施与保障体系对应"过程型"基本公共服务质量监测体系框架的"转化"部分，是对基本公共服务质量监测的要求与标准体系的回应、执行和落实，并为基本公共服务质量监测的结果应用与反馈体系奠定基础。

按照监测方式的不同，基本公共服务质量监测分为专业监测模式、公众监测模式，以及兼有专业监测和公众监测的综合监测模式。基本公共服务质量的专业监测模式，是指由政府部门或第三方机构运用一定的监测方法、工具与技术手段来对基本公共服务质量特性满足相关规定要求的程度进行专业测评的一种模式。基本公共服务质量的公众监测模式，是指由政府部门或第三方机构作为开展主体、社会公众作为评价主体，对基本公共服务质量特性满足社会公众要求的程度进行感知和评价的一种模式。基本公共服务质量综合监测模式，是指由政府部门或第三方机构运用一定的监测方法、工具与技术手段来对基本公共服务质量特性满足相关规定要求和社会公众要求的程度进行综合测评的一种模式。从监测目标、监测主体、监测内容、监测参照、监测原理、监测方法与技术等维度出发，对基本公共服务质量监测的专业监测模式、公众监测模式和综合监测模式进行比较，有助于更好把握各种基本公共服务质量监测模式及其选择应用。基本公共服务质量监测的实施程序包括设计基本公共服务质量监测方案，搜集和分析基本公共服务质量监测数据，撰写和发布基本公共服务质量监测报告，以及总结基本公共服务质量监测工作。基本公共服务质量监测是一项程序繁多、资源投入大、耗时长的系统工程，必然需要建立健全政策法规、组织机构和人财物资源多方面的配套保障体系。

第五，基本公共服务质量监测的结果应用与反馈体系对应"过程型"基本公共服务质量监测体系的"输出"部分，是基本公共服务质量监测的实施与保障体系的"产物"，同时也是对基本公共服务质量监测的要求与标准体系的"回应"。

基本公共服务质量监测结果应用就是根据基本公共服务质量监测的结果，对基本公共服务的提供组织做出奖励或惩罚。其中，基本公共服务质量奖励是指根据基本公共服务质量监测结果，对那些在基本公共服务质量方面表现优异的基本公共服务提供组织进行奖励，以鼓励激发基本公共服务提供组织持续改进基本公共服务质量的机制。基本公共服务质量奖励分为"优质奖励"和"进步奖励"两种类型。为促进基本公共服务质量奖励的有效开展与应用，需要构建基本公共服务质量奖励的动力机制、运行机制和保障机制。基本公共服务质量问责是指根据基本公共服务质量监测的结果，对那些提供质量水平严重偏低或长期偏低的基本公共服务的组织实施问责，以督促基本公共服务提供组织采取措施提升基本公共服务质量水平的机制。按照问责主体与问责对象的关系，我们可以将基本公共服务质量问责分为"同体问责"和"异体问责"两种类型。为促进基本公共服务质量问责在实践中有效操作与运行，需要构建基本公共服务质量责任的确立机制、追究机制和履行机制。基于质量监测结果的基本公共服务质量问题分析以问题识别及成因诊断为二维目标。其中，基本公共服务质量问题识别的基本思路是区别总体问题与分支问题，基本公共服务质量问题成因诊断的有效方法是质量问题追溯。针对质量监测所反馈的质量问题，基本公共服务提供主体可以将服务质量差距模型作为改进基本公共服务质量的重要工具，同时将分类整改与持续追踪确立为改进基本公共服务质量的两种重要机制。

8.2 研究的创新点与局限

8.2.1 研究的创新点

本书有针对性地回应学术界关于公共服务质量研究的薄弱环节和实务界开展基本公共服务质量监测工作面临的难题，在以下三个方面表现出一定的学术创新和应用价值：

第一，质量监测的研究视角对于研究基本公共服务质量具有拓展性。目前，国内外学术界主要从公共服务质量管理、公共服务质量标准、公共服务质量测评、公共服务质量改进等视角对广义层面公共服务的质量开展了较多研究，但基于质量监测视角对狭义层面公共服务（即基本公共服务）的质量研究很少。本书从质量监测的视角切入，专题解析基本公共服务质量监测的基础理论，系统探讨构建基本公共服务质量监测的体系框架，无疑对基本公共服务质量研究领域具有学术拓展意义。

第二，本书所构建的"过程型"基本公共服务质量监测体系具有探索性。在缺乏基本公共服务质量监测专题研究的背景下，基本公共服务质量监测体系框架的理论研究成果阙如。本书在解析基本公共服务质量监测体系构建的目标和机理的基础上，以"输入—转化—输出"的"过程"分析框架为主导性理论依据，构建了包含要求与标准体系、实施与保障体系、结果应用与反馈体系的"过程型"基本公共服务质量监测体系框架，这对基本公共服务质量监测研究领域具有一定的理论探索价值。

第三，研究结论对于基本公共服务质量监测实践具有一定的指导价值。目前，实务界开展基本公共服务质量监测面临较多的实践困境与难题。本书通过对基本公共服务质量监测的体系框架及其包含的要求与标准体系、实施与保障体系、结果应用与反馈体系等次级体系进行系统分析，得出的研究结论较好地回答了基本公共服务质量监测"遵循哪些要求和标准""如何操作实施与需要哪些保障""怎么应用结果和提供反馈"等问题，对实务部门开展基本公共服务质量监测工作具有一定的指导价值。

8.2.2 研究的局限

一方面，研究范围较宽，研究内容较多，一定程度上制约了本书的研究深度。本书以质量监测为研究视角，并将研究重心和落脚点放在基本公共服务质量监测体系的构建上。作为一个学术概念，基本公共服务质量监测体系包含了丰富的内涵、要素和外延。作为一个系统，基本公共服务质量监测体系又包含了诸多次级子体系，如本书指出的要求与标准体系、实施与保障体系、结果应用与反馈体系。这就决定了基本公共服务质量监测体系作为一个研究课题，必然具有较宽的研究范围，同时涉及较多的研究内容。本书在努力处理好基本公共服务质量监测体系议题的研究范围和研究内容的同时，也客观上存在研究深度不足和研究精细度不够的局限。

另一方面，实证案例的数据收集具有一定难度，导致本书的实证效果存在一定局限。本书选取成都市村级基本公共服务质量监测体系作为实证案例。自 2008 年成都市开启村级公共服务和社会管理改革至今，存在政策不连续、实践中断的问题，导致各时段的案例数据资料分布不均、多寡不一。同时，成都市村（社区）横跨 10 多个县（市、区），地域范围的宽广性给案例数据搜集增加了难度。此外，村级基本公共服务质量监测体系涉及的数据领域多、数据规模量大、数据形式多样等，这些都不利于案例数据的搜集和分析。基于以上多种原因，本书的案例实证部分所使用的研究数据还不完善，制约和影响了案例实证研究的整体效果。

8.3　未来研究展望

立足于基本公共服务质量监测议题本身，同时结合本书存在的局限，建议未来研究可以从如下几个方面加以拓展和深化：

其一，质量监测理论体系的学科史梳理及质量监测理论在基本公共服务质量监测中的应用。要提高基本公共服务质量监测基础理论的研究深度，一条重要路径是系统梳理质量监测的理论脉络体系。质量监测是分布在医学卫生、生态环境、灾害风险、项目工程、广播电视、社会安全等多个学科领域的研究议题，而且经历了数百年的实践发展和知识积累历程。因此，有必要从学科史的角度对质量监测的理论知识体系加以系统化和集成化的梳理，从而为任一特定领域的质量监测研究提供坚实的理论基础。具体到基本公共服务质量监测领域，质量监测理论体系的应用需要结合基本公共服务的特殊性，比如基本公共服务的多领域性、基本公共服务的"过程-结果"与"供给-需求"复合性、基本公共服务的公共性与服务性、基本公共服务的空间性与发展性等，以促进质量监测和基本公共服务之间的知识相融，推动基本公共服务质量监测研究议题的纵深发展。

其二，多重逻辑视角下的基本公共服务质量监测体系构建及其比较。按照不同的逻辑，可以构建不同的基本公共服务质量监测体系框架。本书以"过程"分析框架作为逻辑依据所构建的"过程型"基本公共服务质量监测体系框架，仅是诸多基本公共服务质量监测体系框架中的一种。因此，探寻其他的差异性构建逻辑，呈现不同的基本公共服务质量监测体系框架并对其进行比较，不仅有助于拓宽和深化基本公共服务质量监测体系的理论认知，而且能够为实务部门开展基本公共服务质量监测工作提供多维实践指导。具体来说，"过程"视角下的基本公共服务质量监测体系框架虽然在揭示基本公共服务质量监测的要求输入、实施程序和结果反馈等方面具有优势，但并不能具体揭示基本公共服务质量监测的主体结构、责任分工、内容对象、指标标准、工具方式等方面，这就需要依据其他逻辑视角构建新的基本公共服务质量监测体系框架。

其三，基本公共服务质量监测的要求与标准体系、实施与保障体系、结果应用与反馈体系的专题研究。本书对"过程型"基本公共服务质量监测体系的三大子体系仅做了概述，有必要对各个子体系的细节内容开展专题研究。比如，基本公共服务质量监测要求与标准的基础理论，基本公共服务质量监测指标体系构建，基本公共服务质量监测的标准设计，专业监测模式和公众监测模式下的基本公共服务质量监测要求与标准。又如，基本公共服务质量监测实施的影响因素与关键环节，基本公共服务质量监测的模式比较与工具选择，基本公共服务质量监测的国际实践及启示，基本公共服务质量监测的保障体系构建。再如，基本公共服务质量监测结果应用的方式、过程与绩效，基本公共服务质量奖励与问责的双重机制构建，基本公共服务质量监测反馈的影响因素与绩效评价，基本公共服务质量监测的问题诊断与改进机制等。

其四，基本公共服务质量监测的单案例实证拓展和多案例实证比较。随着基本公共服务质量监测实践在全国各地的展开，将产生越来越多的基本公共服务质量监测实践案例，能够为基本公共服务质量监测的理论研究提供丰富的经验数据支撑。在本书所开展的基本公共服务质量监测体系单案例实证研究的基础上，进一步的研究可以对基本公共服务质量监测多项议题，如基本公共服务质量监测的影响因素、基本公共服务质量监测的指标设计、基本公共服务质量监测的运行机制、基本公共服务质量监测的绩效评价等开展案例实证研究，尤其是开展基本公共服务质量监测体系的多案例实证比较研究，从而推进基本公共服务质量监测体系理论研究的进程。此外，进一步的研究可加强对基本公共服务质量监测实践案例的研究，从中归纳和提炼基本公共服务质量监测的一般性理论知识，从而不断补充和丰富基本公共服务质量监测理论体系。

参考文献

[1] AGHA S, DO M. The quality of family planning services and client satisfaction in the Public and Private Sectors in Kenya [J]. International journal for quality in health care, 2009 (2): 87-96.

[2] ANCARANI A, CAPALDO G. Management of standaidised public services: a comprehensive approach to quality assessment [J]. Managing service quality, 2001 (5): 331-341.

[3] BAKAR C, AKGUEN, AL ASSAF A F. The role of expectations in patient assessments of hospital care: an example from a university hospital network, Turkey [J]. International journal of health care quality assurance, 2008 (4): 343-355.

[4] BIGNÉ E, MOLINER M A, SÁNCHEZ J. Perceived quality and satisfaction in multiservice organisations: the case of Spanish public services [J]. Journal of services marketing, 2003 (4): 420-442.

[5] BIGNÉE, MOLINER M A, SANCHEZ J G, et al. Perceived quality and satisfaction in multiservice organisations: the case of Spanish public services [J]. Journal of services marketing, 2003 (17): 420-442.

[6] BOYNE G A. Sources of public service improvement: a critical review and research agenda [J]. Journal of public administration research & theory, 2003 (3): 94-134.

[7] BRACHMAN P S. Public health surveillance [M]. New York: Springer, 2009.

[8] BROWN T. Coercion versus choice: citizen evaluations of public service quality across methods of consumption [J]. Public administration review, 2007 (3): 559-572.

[9] BRYSLAND A, CURRY A. Service improvements in public services using SERVQUAL [J]. Managing service quality, 2001 (11): 389-401.

[10] CHEN C K, YU C H, YANG S J, et al. A customer-oriented service-enhancement system for the public sector [J]. Managing service quality: an international journal, 2004 (5): 414-425.

[11] DEININGER K, MPUGA P. Does greater accountability improve the quality of public service delivery? Evidence from Uganda [J]. World development, 2004 (1): 171-191.

[12] DONNELLY M, WISNIEWSKI M, DALRYMPLE J F. Measuring service quality in local government: the SERVQUAL approach [J]. International journal of public sector management, 1995 (7): 15-20.

[13] GALLOWAY L. Quality perceptions of internal and external customers: a case study in educational administration [J]. The TQM magazine, 1998 (1): 20-26.

[14] GRÖNROOS C. A service quality model and its marketing implications [J]. European journal of marketing, 1984 (4): 36-44.

[15] HAKEN H. Synergetic: an introduction [M]. Berlin: Springer-Verlag, 1997.

[16] HOLZER M, CHARBONNEAU E, KIM Y. Mapping the terrain of public service quality improvement: twenty-five years of trends and practices in the United States [J]. International review of administrative sciences, 2009 (3): 403-418.

[17] HSIEH A T, CHOU C H, CHEN C M. Job standardization and service quality: a closer look at the application of total quality management to the public sector [J]. Total quality management, 2002 (7): 899-912.

[18] JONATHAN L R. Quality of public services [J]. Research journal of accounting and business management, 2017 (1): 14-28.

[19] MENDES P, SANTOS A C, PERNA F, et al. The balanced scorecard as an integrated model applied to the Portuguese public service: a case study in the waste sector [J]. Journal of cleaner production, 2012 (24): 20 -29.

[20] OSTROM V, CHARLES M. The organization of government in metropolitan areas: a theoretical inquiry [J]. American political science review, 1961 (4): 831-842.

[21] PARASURAMAN A, ZEITHAML V A, BERRY L L. A conceptual model of service quality and its implications for future sesearch [J]. Journal of marketing, 1985 (4): 41-50.

[22] PARASURAMAN A, ZEITHAML V A, BERRY L L. SERVQUAL, a multiple-item scale for measuring consumer of perception service quality [J]. Journal of retailing, 1988 (1): 12-40.

[23] POPESCU C, CUCU T, ION L, et al. Methodology to evaluate the quality of public services [J]. Amfiteatru Economic, 2009 (26): 260 - 269.

[24] RHEE S, RHA J. Public service quality and customer satisfaction: exploring the attributes of service quality in the public sector [J]. Service industries journal, 2009 (11): 491-512.

[25] ROWLEY J. Quality measurement in the public sector: Some perspectives from the service quality literature [J]. Total quality management, 1998 (9): 321-333.

[26] WALSH K. Quality and public services [J]. Public administration, 1991 (4): 503-514.

[27] WISNIEWSKI M. Using SERVQUAL to assess customer satisfaction with public sector services [J]. Journal of service theory & practice, 2001 (6): 380-388.

[28] ZAHIRUL H. 20 years of studies on the balanced scorecard: trends, accomplishments, gaps and opportunities for future research [J]. British accounting review, 2014 (1): 33-59.

[29] 埃文斯, 林赛. 质量管理与质量控制 [M]. 焦叔斌, 译. 北京: 中国人民大学出版社, 2010.

[30] 白长虹, 陈晔. 一个公用服务质量测评模型的构建和分析: 来自中国公用服务业的证据 [J]. 南开管理评论, 2005 (4): 5-8.

[31] 宝鹿. 关于质量定义的研究、讨论和探索 [J]. 上海质量, 2004 (3): 43-48.

[32] 贝塔朗菲. 一般系统论 [M]. 林康义, 魏宏森, 等译. 北京: 清华大学出版社, 1987.

[33] 毕振力. 新时代省域义务教育质量监测改进策略研究 [J]. 广东第二师范学院学报, 2021 (5): 13-24.

[34] 蔡立辉. 论当代西方政府公共管理及其方法 [J]. 中山大学学报 (社会科学版), 2003 (2): 26-32.

[35] 曹婧文, 宗习均. 国家产品质量监测制度: 调查方案与实践应用 [J]. 调研世界, 2023 (5): 76-88.

[36] 曹现强, 林建鹏. 城市公共服务满意度评价及影响因素研究: 以山东省为例 [J]. 山东大学学报 (哲学社会科学版), 2019 (4): 19-30.

[37] 陈艾, 程廷静, 王雪钰. 成都聚焦"十大领域"持续强化专项治理 [N]. 成都日报, 2022-06-06 (7).

[38] 陈爱祖, 唐雯, 林雪峰. 构建和谐社会的管理学原理体系 [J]. 河北学刊, 2006 (3): 173-179.

[39] 陈朝兵, 代佳欣. 从工商领域到公共领域: 质量管理体系的 "跨域" 构建 [J]. 企业经济, 2017 (6): 138-144.

[40] 陈朝兵, 吴钟灿, 张田. "输入—转化—输出" 框架下政府数据开放体系构建 [J]. 情报杂志, 2021 (7): 134-140.

[41] 陈朝兵. 公共服务质量: 一个亟待重新界定与解读的概念 [J]. 中共天津市委党校学报, 2017 (2): 74-81.

[42] 陈朝兵. 公共服务质量的概念界定 [J]. 长白学刊, 2017 (1): 63-68.

[43] 陈朝兵. 基本公共服务质量: 概念界定、构成要素与特质属性 [J]. 首都经济贸易大学学报, 2019 (3): 65-71.

[44] 陈朝兵. 基本公共服务质量管理体系的构建与关键环节研究 [M]. 北京: 中国社会科学出版社, 2020.

[45] 陈朝兵. 基本公共服务质量管理体系的构建与实证研究 [J]. 中共天津市委党校学报, 2020 (3): 86-95.

[46] 陈传新. 泰安市农业标准化体系建设调查与分析 [D]. 北京: 中国农业大学, 2005.

[47] 陈文博. 公共服务质量评价与改进: 研究综述 [J]. 中国行政管理, 2012 (3): 39-43.

[48] 陈新夏. 唯物史观价值取向当代建构的前提性考查 [J]. 哲学研究, 2019 (2): 23-32.

[49] 陈莹, 李士红. 关于构建公共服务质量监测模型的研究 [J]. 中国质量万里行, 2019 (4): 64-67.

[50] 陈宇, 朱明亚, 张帆. 风险管理视角下的质量安全监管刍议 [J]. 质量与标准化, 2017 (7): 41-44.

[51] 陈振明, 耿旭. 公共服务质量管理的本土经验: 漳州行政服

务标准化的创新实践评析 [J]. 中国行政管理, 2014 (3): 15-20.

[52] 陈振明, 耿旭. 中国公共服务质量改进的理论与实践进展 [J]. 厦门大学学报 (哲学社会科学版), 2016 (1): 58-68.

[53] 陈振明, 李德国. 公共服务质量持续改进的亚洲实践 [J]. 东南学术, 2012 (1): 102-112.

[54] 陈振明, 李德国. 基本公共服务的均等化与有效供给: 基于福建省的思考 [J]. 中国行政管理, 2011 (1): 47-52.

[55] 陈振明, 孙杨杰. 公共服务质量奖的兴起 [J]. 湘潭大学学报 (哲学社会科学版), 2014 (4): 7-12.

[56] 陈振明. 公共服务质量管理: 理论、方法与应用 [M]. 北京: 科学出版社, 2017.

[57] 成都市纪委. 成都温江: 从严治理基层"微腐败"已查处违纪问题 42 件 [EB/OL]. (2016-05-18) [2024-05-21]. https://www.sohu.com/a/75925401_259463.

[58] 程虹, 范寒冰, 肖宇. 企业质量安全风险有效治理的理论框架: 基于互联网信息的企业质量安全分类模型及实现方法 [J]. 管理世界, 2012 (12): 73-81.

[59] 程晓明, 翁斯柳, 梁静, 等. 服务业质量监测理论及实践的综述和思考 [J]. 质量技术监督研究, 2020 (1): 8-14.

[60] 椿桦. 人大主导问责才有持久效力 [EB/OL]. (2008-09-25) [2024-05-10]. https://news.ifeng.com/opinion/200809/0925_23_803420.shtml.

[61] 辞海编辑委员会. 辞海 [M]. 上海: 上海辞书出版社, 2010.

[62] 党秀云. 公共部门的全面质量管理 [J]. 中国行政管理, 2003 (8): 31-33.

[63] 邓瑜. 发达国家农产品质量追溯及其对我国的启示 [J]. 商业经济研究, 2017 (22): 117-119.

[64] 狄骥. 公法的变迁 [M]. 郑戈, 译. 沈阳: 辽海出版社, 1999.

[65] 底会娟, 王艺芳. 发达国家学前教育质量监测体系的比较与启示: 以美国、英国、澳大利亚为例 [J]. 现代教育管理, 2019 (5): 77-82.

[66] 习家久. 如何厘清质量问题 [J]. 企业管理, 2016 (2): 23-25.

[67] 丁煌. 西方行政学说史 [M]. 武汉: 武汉大学出版社, 2004.

[68] 丁辉侠. 公共服务质量评价体系构建思路分析 [J]. 商业时代, 2012 (7): 97-98.

[69] 丁元竹. 扩大内需的结构和体制约束因素: 社会基本公共服务供给不足 [J]. 公共管理评论, 2006 (2): 109-127.

[70] 丁元竹. 我国基本公共服务均等化过程中标准建设问题 [J]. 甘肃理论学刊, 2008 (3): 46-49.

[71] 董丽. 基本公共服务质量评价问题研究 [D]. 长春: 吉林大学, 2015.

[72] 杜万松. 公共产品、公共服务: 关系与差异 [J]. 中共中央党校学报, 2011 (6): 63-66.

[73] 范逢春. 县级政府社会治理质量价值取向及其测评指标构建: 基于社会质量理论的视角 [J]. 云南财经大学学报, 2014 (3): 109-119.

[74] 冯立元. "混合所有制" 背景下高职院校人才培养质量监测与保障体系建设 [J]. 现代职业教育, 2018 (17): 68.

[75] 甘霖. 市长质量奖覆盖面扩大 [N]. 深圳特区报, 2012-04-13 (A03).

[76] 高传胜. "十四五" 时期推进非基本公共服务高质量发展研究 [J]. 经济研究参考, 2021 (1): 16-30.

[77] 高洁，方征. 评价、评估、考核、监测：教育评价若干同位概念辨析及启示 [J]. 教育发展研究，2022（19）：75-84.

[78] 高丽虹，陈宏光. 人口与计划生育行政执法监督影响因素及对策 [J]. 宁夏社会科学，2012（4）：22-26.

[79] 高姝，郝艳华，吴群红，等. 组织绩效评估方法的国内外研究进展 [J]. 中国卫生事业管理，2008（12）：802-805.

[80] 龚佳颖，钟杨. 公共服务满意度及其影响因素研究：基于2015 年上海 17 个区县 1 调查的实证分析 [J]. 行政论坛，2017（1）：85-91.

[81] 何靖宇，韩增寿，王增荣. 浅谈食品卫生监测管理 [J]. 实用医技杂志，1998（2）：100-101.

[82] 何水. 中国公共服务改革：实践透视与路径探寻 [J]. 郑州大学学报（哲学社会科学版），2013（6）：5-9.

[83] 贺红芳. 幼儿园保教质量监测标准的研制 [D]. 长沙：湖南师范大学，2017.

[84] 洪继东. 村民议事修水利 政府服务作后盾 [N]. 成都日报，2010-03-08（7）.

[85] 胡春艳，刘碧华. 国外社会问责研究综述：影响因素的考察 [J]. 行政论坛，2016（4）：103-108.

[86] 胡税根，翁列恩. 构建政府权力规制的公共治理模式 [J]. 中国社会科学，2017（11）：99-117.

[87] 胡旭阳. 成都市纪委监委通报 6 起村（社区）干部违纪违法典型案例 [EB/OL].（2023-06-25）[2024-05-21]. https://baijiahao.baidu.com/s？id=1769674358053125195&wfr=spider&for=pc.

[88] 环境保护部环境监测司. 环境保护监测工作手册 [M]. 北京：中国环境出版集团有限公司，1975.

[89] 黄光明，廖飒. 系统论在高职教学系统中的应用 [J]. 职业

教育研究，2008（5）：23-24.

[90] 黄巨臣. 高校人才培养方案中的利益相关者逻辑及其作用机制 [J]. 北京社会科学，2021（10）：56-65.

[91] 黄锡生，张真源. 论环境监测预警制度体系的内在逻辑与结构优化：以"结构—功能"分析方法为进路 [J]. 中国特色社会主义研究，2018（6）：50-58.

[92] 纪江明，胡伟. 中国城市公共服务满意度的熵权 TOPSIS 指数评价：基于 2012 连氏"中国城市公共服务质量调查"的实证分析 [J]. 上海交通大学学报（哲学社会科学版），2013（3）：41-51.

[93] 江易华. 县级政府基本公共服务绩效评估指标体系的理论构建与实证检测研究 [D]. 武汉：华中师范大学，2010.

[94] 姜娜，丁滢滢，李静. 强化生态环境监测质量管理体系的建设途径 [J]. 清洗世界，2022（8）：184-186.

[95] 姜晓萍，陈朝兵. 公共服务的理论认知与中国语境 [J]. 政治学研究，2018（6）：2-15.

[96] 姜晓萍，陈朝兵. 我国基本公共服务体系的共同趋势与地区差异：基于国家和地方基本公共服务"十二五"规划的比较 [J]. 上海行政学院学报，2013（6）：4-16.

[97] 姜晓萍，郭金云. 基于价值取向的公共服务绩效评价体系研究 [J]. 行政论坛，2013（6）：8-13.

[98] 姜晓萍，郭金云. 我国政府部门实施质量管理体系的探索 [J]. 北京行政学院学报，2004（2）：4-8.

[99] 姜晓萍，黄静. 还权赋能：治理制度转型的成都经验 [J]. 公共行政评论，2011（6）：79-102.

[100] 姜晓萍，吴宝家. 人民至上：党的十八大以来我国完善基本公共服务的历程、成就与经验 [J]. 管理世界，2022（10）：56-70.

[101] 蒋俊东. 协同论对现代管理的启示 [J]. 科技管理研究，

2004（1）：151-152.

[102]金青梅. 政府公共服务质量的概念界定与基本理论分析[J]. 集团经济研究, 2007（1）：20-21.

[103]孔祥利. 地方政府引入ISO9000质量管理体系的困境与思考[J]. 中国行政管理, 2013（11）：79-83.

[104]李刚, 辛涛. 基础教育质量的内涵与监测评价理论模型[J]. 华东师范大学学报（教育科学版）, 2021（4）：15-29.

[105]李高帅, 刘祖源. 公共服务质量监测的新理念、新技术和新举措[J]. 中国质量, 2022（8）：41-46.

[106]李高帅. 我国公共服务质量监测提升路径[EB/OL].（2021-12-12）[2024-05-03]. http://www.rmlt.com.cn/2021/1217/635068.shtml.

[107]李行圣. 巢湖市水稻苗情监测工作内容及建议[J]. 现代农业科技, 2023（15）：56-59.

[108]李鸿雁. 2021年全国公共服务质量监测情况发布 南京排名全国第一[EB/OL].（2022-04-25）[2024-05-03]. 中国质量新闻网, https://baijiahao.baidu.com/s? id=1731059853504131564&wfr=spider&for=pc.

[109]李建华. 公共政策程序正义及其价值[J]. 中国社会科学, 2009（1）：64-69.

[110]李森, 高静. 在线教学的发展历程、内涵特征及质量监测[J]. 课程·教材·教法, 2020（11）：50-58.

[111]李晓园, 张汉荣. SERVQUAL模型下县域公共服务质量的改进：基于江西省六县公共服务的调查分析[J]. 南昌大学学报（人文社会科学版）, 2009（4）：63-68.

[112]李彦琴. 拒不改正环境违法行为 成都一社区卫生服务中心遭重罚[EB/OL].（2018-03-30）[2025-05-21]. https://sichuan.scol.com.cn/cddt/201803/56106895.html.

[113]李怡明, 刘延金. 我国乡村教育质量监测体系构建[J]. 西

南大学学报（社会科学版），2017（1）：87-93.

［114］李益众，陈立，范晓宁. 以"专项扶弱"推动义务教育优质均衡的成都探索［J］. 四川教育，2023（3）：4-6.

［115］李永胜，权小虎. 科学提升城市社区治理的公众参与度［J］. 人民论坛，2023（8）：83-85.

［116］梁昌勇，代犟，朱龙. 基于SEM的公共服务公众满意度测评模型研究［J］. 华东经济管理，2015（2）：123-129.

［117］梁工谦. 质量管理学［M］. 北京：中国人民大学出版社，2014：295.

［118］林尚立. 国内政府间关系［M］. 杭州：浙江人民出版社，1998.

［119］刘虹，王光雄. 提升义务教育质量的对策研究：基于M省质量监测的结果［J］. 楚雄师范学院学报，2023（2）：150-155.

［120］刘武，朱晓楠. 服务接受者满意度指数模型：服务型政府绩效评估的新方法及其应用［J］. 公共管理研究，2006（0）：114-128.

［121］刘银喜，赵子昕，赵淼. 标准化、均等化、精细化：公共服务整体性模式及运行机理［J］. 中国行政管理，2019（8）：134-138.

［122］刘云华，段世飞. 德国基础教育质量监测：结构、实施与功用［J］. 比较教育学报，2021（2）：62-76.

［123］柳经纬. 标准与法律的融合［J］. 政法论坛，2016（6）：18-29.

［124］卢坤建. 建设回应型政府的重要举措：广东省江门市政府导入ISO9001：2000质量管理体系的分析［J］. 中国行政管理，2008（6）：46-49.

［125］罗晓光，张宏艳. 政府服务质量SERVQUAL评价维度分析［J］. 行政论坛，2008（3）：35-37.

［126］吕维霞，陈晔，黄晶. 公众感知行政服务质量模型与评价研

究：跨地区、跨公众群体的比较研究［J］.南开管理评论，2009（4）：143-151.

［127］吕维霞.论公众对政府公共服务质量的感知与评价［J］.华东经济管理，2010（9）：128-132.

［128］吕勇，黄晓莉，吴序一，等.基本公共服务标准化过程中的动态调整机制研究［J］.中国标准化，2023（9）：48-53.

［129］马庆钰.公共服务的几个基本理论问题［J］.中共中央党校学报，2005（1）：58-64.

［130］马振耀.协同论视角下行为组织绩效系统演化机制与模拟仿真［J］.统计与决策，2018（19）：178-181.

［131］庞春敏.关于广东省义务教育质量监测实施困境与对策的思考［J］.上海教育评估研究，2016（5）：72-75.

［132］庞春敏.义务教育质量监测结果运用需求分析及建议：以广东省为调查对象［J］.教育测量与评价，2017（10）：15-19.

［133］彭惊.成都深化医疗保障制度改革，到2030年全面建成多层次医疗保障体系［EB/OL］.（2022-05-14）［2024-05-21］.https://www.163.com/dy/article/H7B9F1FG051492T3.html.

［134］彭州市纪委监委.濛阳镇：深入基层听"真音"［EB/OL］.（2018-04-26）［2024-05-21］.https://pengzhou.ljcd.gov.cn/show-198-9702-1-11.html.

［135］祁芬中.协同论［J］.社联通讯，1988（6）：65-68.

［136］钱明霞，江玉凤.数据驱动本科教学质量监测：基本逻辑与困境突破［J］.教育理论与实践，2023（15）：51-55.

［137］青白江区信息办.成都青白江区四措施深入开展专项资金工作［EB/OL］.（2010-04-08）［2024-05-21］.https://www.chinaacc.com/new/403_425/2010_4_8_xu5393315254184010223103.shtml.

［138］任喜萍.高质量发展阶段基本公共服务供给与新型城镇化质

量研究［J］.城市问题，2022（6）：16-26.

［139］萨瓦斯.民营化与公私部门的伙伴关系［M］.周志忍，等译.北京：中国人民大学出版社，2002.

［140］鄯爱红.公共需求管理与公共服务标准化［J］.北京行政学院学报，2012（2）：42-45.

［141］邵祖峰.城市公共交通服务质量评价神经网络模型［J］.城市管理与科技，2005（4）：178-180.

［142］沈南山.基础教育质量监测：学业评价制度分析视角［J］.教育科学研究，2010（7）：37-40.

［143］石振武，程有坤.道路经济与管理［M］.2版.武汉：华中科技大学出版社，2007.

［144］史云贵，刘晓燕.县级政府绿色治理体系的构建及其运行论析［J］.社会科学研究，2018（1）：81-88.

［145］世界银行.让服务惠及穷人［M］.本报告翻译组，译.北京：中国财政经济出版社，2004.

［146］四川省双流县"规范村级专项资金使用"课题组."乡政""村治"良性互动的双流经验［EB/OL］.［2024-05-21］.http://journal.crnews.net/ncgztxcs/2016/dsq/912208_20160201025101.html.

［147］宋林霖，李晓艺.全球视野下公共服务标准化模式比较研究：基于国外市民公约模式的理论探索与改革实践［J］.国外理论动态，2019（1）：89-96.

［148］睢党臣，肖文平.农村公共服务质量测度与提升路径选择：基于因子聚类分析方法［J］.陕西师范大学学报（哲学社会科学版），2014（5）：148-158.

［149］睢党臣，张朔婷，刘玮.农村公共服务质量评价与提升策略研究：基于改进的SERVQUAL模型［J］.统计与信息论坛，2015（4）：83-89.

[150] 田小红, 王超. 加拿大安大略省教师教育质量监测体系的特征及启示 [J]. 浙江师范大学学报 (社会科学版), 2020 (5): 90-99.

[151] 童英华, 冯忠岭, 张占莹. 基于 AHP 的雾霾影响因素评价分析 [J]. 西南师范大学学报 (自然科学版), 2020 (3): 87-94.

[152] 完颜邓邓, 张燕南. 公共数字文化服务质量提升策略: 服务质量差距模型视角 [J]. 图书馆学研究, 2019 (14): 77-81.

[153] 汪锦军. 构建公共服务的协同机制: 一个界定性框架 [J]. 中国行政管理, 2012 (1): 18-22.

[154] 王彬彬, 邓婕, 张毅瑜. 政务服务质量监测体系研究 [J]. 中国标准化, 2022 (3): 102-108.

[155] 王超. 加拿大安大略省职前教师教育质量监测体系研究 [D]. 金华: 浙江师范大学, 2020.

[156] 王承云, 田莉. 成都市进一步推进村级公共服务改革的实践: 以大邑县为例 [J]. 成都行政学院学报, 2016 (4): 88-91.

[157] 王锋, 王翔宇, 秦文臻. 大数据驱动的高等教育质量监测评估关键技术研究 [J]. 黑龙江高教研究, 2017 (6): 80-83.

[158] 王国华, 温来成. 基本公共服务标准化: 政府统筹城乡发展的一种可行性选择 [J]. 财贸经济, 2008 (3): 40-43.

[159] 王海英. 新中国 70 年我国学前教育管理变革的回顾与反思 [J]. 南京师大学报 (社会科学版), 2019 (4): 40-52.

[160] 王辉, 张小诗, 刘海军. 高校人才培养质量反馈机制建构 [J]. 现代教育管理, 2011 (11): 38-40.

[161] 王家合. 论地方政府公共服务质量管理的制度创新 [J]. 理论探讨, 2011 (6): 138-141.

[162] 王家合. 质量管理理念与公共服务管理 [J]. 求索, 2010 (12): 80-81.

[163] 王健, 徐睿. 基层社会管理创新中的民生与自治互促共赢策

略：成都村级公共服务和社会管理政策的实践与启示［J］．社会科学研究，2012（1）：10-16．

［164］王雷钰．紧扣民心抓落实 履职尽责真作为"成都面对面·监督问责第一线"全媒体直播节目聚焦青羊区［EB/OL］．（2018-08-24）［2024-05-21］．https：//qingyang.ljcd.gov.cn/show-291-6699-1.html．

［165］王礼鑫．公共政策的知识基础与决策权配置［J］．中国行政管理，2018（4）：98-104．

［166］王路平．2021年全国公共服务质量监测结果发布［EB/OL］．（2022-06-15）［2024-05-03］．http：//news.sohu.com/a/557305591_265170．

［167］王蓉，赵晴雨．我国自然科技资源共享机制政策法规保障体系框架研究［J］．中国科技论坛，2006（5）：105-109．

［168］王思琦，郭金云．公共服务满意度测量的问题顺序效应：来自一项嵌入性调查实验的证据［J］．公共管理评论，2020（1）：92-115．

［169］王向东，张应敏，孙铁燕．高校毕业生就业质量监测及其提升策略研究：以浙江省十年实证调查为例［J］．现代大学教育，2022（5）：100-111．

［170］王桢桢，郭正林．公共服务均等化的影响因素及标准化体系建构［J］．学术研究，2009（6）：59-63．

［171］翁列恩，胡税根．公共服务质量：分析框架与路径优化［J］．中国社会科学，2021（11）：31-53．

［172］吴东峰．面向电子元器件质量控制的关键技术与系统研究［D］．北京：北京理工大学，2015．

［173］奚旦立，孙裕生，刘秀英．环境监测［M］．3版．北京：高等教育出版社，2004．

［174］习近平．高举中国特色社会主义伟大旗帜 为全面建设社会主

义现代化国家而团结奋斗 [N]. 人民日报, 2022-10-26 (1).

[175] 夏恩钟. 漫谈环境监测仪器 [J]. 中国仪器仪表, 2007 (10): 33-34.

[176] 夏征农, 陈至立. 辞海 [M]. 6 版. 上海: 上海辞书出版社, 2009.

[177] 夏志强, 罗旭, 张相. 构建城乡基本公共服务均等化的标准体系 [J]. 新视野, 2013 (3): 67-70.

[178] 肖陆军. 论政府公共服务质量管理体系建构 [J]. 宁夏社会科学, 2008 (4): 14-17.

[179] 谢星全. 基本公共服务质量: 多维建构与分层评价 [J]. 上海行政学院学报, 2018 (4): 14-26.

[180] 辛涛, 李峰, 李凌艳. 基础教育质量监测的国际比较 [J]. 北京师范大学学报 (社会科学版), 2007 (6): 5-10.

[181] 熊国华. 质量改进管理信息系统的设计与应用 [J]. 机械工业标准化与质量, 2015 (4): 44-48.

[182] 徐建华. 《服务质量监测技术指南》发布 [N]. 中国质量报, 2020-01-20 (1).

[183] 徐建华. 满意度处于 "比较满意" 区间 [N]. 中国质量报, 2017-12-15 (1).

[184] 徐建华. 质检总局印发公共服务质量监测技术指南 [N]. 中国质量报, 2016-07-14 (1).

[185] 许陵, 冉新义, 陈梅芬. 基于生物信号的远程学习过程监控系统研究 [J]. 现代远程教育研究, 2014 (5): 104-112.

[186] 许淑萍. 论现阶段中国政府公共服务的供给标准建设 [J]. 学习与探索, 2010 (1): 68-70.

[187] 薛澜, 李宇环. 走向国家治理现代化的政府职能转变: 系统思维与改革取向 [J]. 政治学研究, 2014 (5): 61-70.

［188］鄢超云. 学前教育评价［M］. 北京：高等教育出版社，2010.

［189］闫勇，陈丽，龙晶. 浅谈农产品质量安全风险的监测和评估［J］. 农业开发与装备，2018（2）：154.

［190］颜如春. 论政府工作全面质量管理［J］. 西南民族大学学报（人文社科版），2003（2）：223-227.

［191］杨梅. 中国地方政府公共服务标准化探索与思考［J］. 北京行政学院学报，2012（3）：30-34.

［192］杨小广. 成都：让居民在家门口获得高品质服务［EB/OL］.（2023-06-26）［2024-05-21］. https://www. sohu. com/a/690726996_121118852.

［193］杨钰，吴敏意，曹雯洁. 需求导向型公共服务质量改进及实现路径：基于浙江公共服务改革的经验［J］. 东南大学学报（哲学社会科学版），2023（2）：49-57.

［194］杨治，肖晶. 绩效反馈理论演进脉络与研究展望［J］. 管理学报，2023（10）：1565-1578.

［195］姚升保. 基于语言评价的政府服务质量测评方法及实证分析［J］. 情报杂志，2011（2）：53-57.

［196］叶翠环. 无线广播质量智能监测系统的设计与构建［J］. 广播电视信息，2022（6）：84-87.

［197］佚名. 成都东部新区综合部关于2022年公共服务满意度测评整改情况公示［EB/OL］.（2023-09-26）［2024-05-21］. http://cdsd-bxq. sczwfw. gov. cn/art/2023/9/26/art_43485_233715. html? areaCode = 510186000000.

［198］佚名. 地方（三级）森林资源监测体系的研究工作报告［J］. 林业资源管理，1994（5）：3-9.

［199］佚名. 什么是标准？［J］. 广西质量监督导报，2006（7）：32.

［200］佚名. 新津县: 建设新农村综合体 深化统筹城乡发展［EB/OL］.（2012-09-28）［2024-05-21］.http://www.china.com.cn/zhibo/zhuanti/2012-09/28/content_26660823.htm.

［201］尹昌美, 卓越. 公共服务标准化的发展路径、影响因素与评估体系: 以杭州市上城区为个案［J］. 公共行政评论, 2012 (4): 93-120.

［202］尹云. 县级政府价格监测体系存在的问题与对策研究［D］. 苏州: 苏州大学, 2022.

［203］尤建新, 王家合. 政府质量管理体系建构: 要素、要求和程序［J］. 中国行政管理, 2006 (12): 44-47.

［204］余天佐, 蒋建伟, 任锐, 等. 基于工程教育认证标准的持续质量改进: 以 Z 大学全国示范性软件工程专业为例［J］. 清华大学教育研究, 2015 (6): 104-111.

［205］虞华君, 霍荣棉, 翁列恩, 等. 公共服务质量管理理论与实践［M］. 杭州: 浙江大学出版社, 2021.

［206］郁建兴, 秦上人. 论基本公共服务的标准化［J］. 中国行政管理, 2015 (4): 47-51.

［207］郁建兴, 吴玉霞. 公共服务供给机制创新: 一个新的分析框架［J］. 学术月刊, 2009 (12): 12-18.

［208］张爱平, 马敏. 基于质量监测的初中学生数据分析发展状况的调查研究［J］. 数学教育学报, 2017 (1): 28-31.

［209］张成福, 党秀云. 公共管理学［M］. 北京: 中国人民大学出版社, 2001.

［210］张钢, 牛志江, 贺珊. 地方政府公共服务质量评价体系及其应用［J］. 浙江大学学报（人文社会科学版）, 2008 (6): 31-40.

［211］张海洋, 陈静勉, 成伟丽. "1+N+1" 区域教育质量监测评价体系的构建与实践［J］. 教育测量与评价, 2022 (5): 42-49.

［212］张行，董荣果，张亮，等. 基于知识图谱的质量问题知识库建设研究［J］. 中国标准化，2022（17）：178-181.

［213］张慧，周云帆. 大数据技术在农产品质量追溯领域的应用研究［J］. 食品安全导刊，2022（8）：170-172.

［214］张际平. 系统论与基础教育信息化应用推进［J］. 中国电化教育，2009（3）：24-29.

［215］张敏，吕雯雯. 学风建设中标杆管理的应用［J］. 中国国情国力，2010（2）：47-49.

［216］张启春，梅莹. 基本公共服务质量监测：理论逻辑、体系构建与实现机制［J］. 江海学刊，2020（4）：242-247.

［217］张锐昕，董丽. 公共服务质量：特质属性和评估策略［J］. 北京行政学院学报，2014（6）：8-14.

［218］张锐昕，董丽. 政府全面质量管理的缺陷及其纠正［J］. 社会科学战线，2013（11）：244-246.

［219］张新新，钟惠婷. 出版业高质量发展的战略协同机制思考：基于协同论的视角［J］. 出版广角，2022（9）：60-66.

［220］张亚明，郑景元. 基于CSI的政府服务评价研究［J］. 北京行政学院学报，2008（4）：21-26.

［221］张英杰，张原，郑思齐. 基于居民偏好的城市公共服务综合质量指数构建方法［J］. 清华大学学报（自然科学版），2014（3）：373-380.

［222］张勇，柴邦衡. ISO9000质量管理体系［M］. 北京：机械工业出版社，2017：98-102.

［223］张值恒. 始终坚持以人民为中心 把人民利益作为一切工作的出发点和落脚点［N］. 益阳日报，2019-11-24（2）.

［224］张志强，王红. 从服务质量特性角度分析我国公共服务的发展与质量提升［J］. 中国质量，2022（8）：47-50.

[225] 张志勋. 系统论视角下的食品安全法律治理研究 [J]. 法学论坛, 2015 (1)：99-105.

[226] 赵建坤, 胡成林. 质量管理方法和工具的应用效果亟待提升 [J]. 中国质量, 2019 (1)：36-37.

[227] 赵荣昌. 崇州做好"三把抓手"确保村级公服资金阳光运行 [EB/OL]. (2016-04-28)[2024-05-21].https://www.163.com/news/article/BLNB07N500014Q4P.html.

[228] 赵阳光. 基本公共服务质量监测：特性、原则与分类 [J]. 标准科学, 2022 (7)：111-117.

[229] 郑冬梅, 刘二莉. 借鉴ISO9000标准建立研究生培养质量过程管理体系的探索 [J]. 学位与研究生教育, 2007 (1)：98-100

[230] 郑洲. 村级公共服务需求制度创新：以成都为例 [J]. 财经科学, 2011 (9)：113-118.

[231] 中共成都市龙泉驿区西河镇委员会. 中共成都市龙泉驿区西河镇委员会关于区委第一巡察组巡察西河镇反馈问题整改落实情况的通报[EB/OL]. (2018-08-10)[2024-05-21].https://longquan.ljcd.gov.cn/show-1029-12272-1-22.html.

[232] 中国国家博物馆. 四川省成都市邛崃油榨乡马岩村新村发展议事会五人"民主理财监督章" [EB/OL]. (2016-04-28)[2024-05-21].https://www.chnmuseum.cn/zp/zpml/201812/t20181218_28873.shtml.

[233] 中国社会科学院语言研究所词典编辑室. 现代汉语词典 [M]. 北京：商务印书馆, 1996.

[234] 钟文. 保持定力纵深推进社区发展治理 [N]. 成都日报, 2019-10-15 (1).

[235] 周济. 全面开展质量监测 建立健全基础教育质量保障体系 [N]. 中国教育报, 2008-02-14 (1).

[236] 周静. 高等文科教育内部质量监测体系构建研究 [D]. 沈

阳：沈阳师范大学，2023.

［237］周其仁. 还权赋能：成都土地制度改革探索的调查研究
［J］. 国际经济评论，2010（2）：54-92.

［238］周荥鸿，粟新林，王丹. 农村地区如何筑牢基层防线？成都
基层医疗卫生机构 24 小时服务［EB/OL］.（2022-12-24）［2024-05-21］.
https://baijiahao.baidu.com/s？id＝17530290525606444773&wfr＝spider&for
＝pc.

［239］周志忍. 公共部门质量管理：新世纪的新趋势［J］. 国家行
政学院学报，2000（2）：40-44.

［240］朱丽君. 政府质量管理的基本理论与方法［J］. 山西大学学
报（哲学社会科学版），2012（4）：95-98.

［241］朱土兴，谢林森，余德华. 教学质量监测与保证体系构建的
思考与实践［J］. 中国大学教学，2005（5）：39-40.

［242］曾珂. 我国首个关于公共服务质量的监测报告发布［EB/
OL］.（2015-07-17）［2024-05-03］.http://www.rmzxb.com.cn/c/2015-07
-17/535157. shtml.

［243］卓越，张世阳，兰丽娟. 公共服务标准化顶层设计的战略思
考［J］. 中国行政管理，2014（2）：34-38.